# 中国农村
# 社会事业发展报告

ZHONGGUO NONGCUN
SHEHUI SHIYE FAZHAN BAOGAO

## （2020）

农业农村部农村社会事业促进司

中国农业出版社
北 京

**图书在版编目（CIP）数据**

中国农村社会事业发展报告.2020／农业农村部农村社会事业促进司编．—北京：中国农业出版社，2020.12

ISBN 978-7-109-27628-4

Ⅰ.①中…　Ⅱ.①农…　Ⅲ.①农村－社会事业－研究报告－中国－2020　Ⅳ.①C916

中国版本图书馆 CIP 数据核字（2020）第 251135 号

中国农业出版社出版

地址：北京市朝阳区麦子店街 18 号楼
邮编：100125
责任编辑：赵　刚
版式设计：王　晨　　责任校对：赵　硕
印刷：北京中兴印刷有限公司
版次：2020 年 12 月第 1 版
印次：2020 年 12 月北京第 1 次印刷
发行：新华书店北京发行所
开本：700mm×1000mm　1/16
印张：13.5
字数：170 千字
定价：88.00 元

# 编辑委员会名单

主　任：刘焕鑫

副主任：吴宏耀　李伟国

成　员：尹　虓　何　斌　侯曜禹　杨春华

　　　　高　强　张永江　詹　玲　寇广增

　　　　周　峰　朱　娅　彭　超　刘合光

　　　　张鸣鸣　王瑞波　卿文博

# 前 言 FOREWORD

　　农村社会事业是党的"三农"工作的重要组成部分。习近平总书记曾多次就农村社会事业发展作出重要指示，强调"建立健全城乡基本公共服务均等化的体制机制，推动公共服务向农村延伸、社会事业向农村覆盖。""新增教育、文化、医疗卫生等社会事业经费要向农村倾斜，社会建设公共资源要向农村投放，基本公共服务要向农村延伸，城市社会服务力量要下乡支援农村，形成农村社会事业发展合力，努力让广大农民学有所教、病有所医、老有所养、住有所居。"

　　2019年，各地各部门认真贯彻落实党中央、国务院决策部署，坚持农业农村优先发展总方针，以实施乡村振兴战略为总抓手，加力推进农村社会事业发展，积极出台政策举措，大力完善体制机制，不断增加对农村社会事业投入，全面提升农村教育、医疗卫生、社会保障、养老、文化体育等公共服务水平，加快推进城乡基本公共服务均等化，农村社会事业发展取得明显进展，广大农民群众的获得感、幸福感、安全感不断增强。

　　为反映2019年农村社会事业取得的重要进展，研判农村社会事业发展特征，探讨农村社会事业发展趋势，农业农村部农村社会事业促进司组织南京林业大学农村政策研究中心等单位在深入开展农村社会事业发展状况评价研究基础上，编著形成了《中国农村社会事业发展报告2020》，围绕社会关注的农村养老、农村医疗和

1

"互联网＋"农村社会事业等热点问题形成了3篇专题研究报告；组织南京农业大学课题组、农业农村部党校和中国农业科学院农业经济与发展研究所课题组、四川省农村人居环境研究院课题组开展了东、中、西部地区农村社会事业发展状况抽样调查，形成了东、中、西部地区农村社会事业发展状况调查与分析专题报告。为促进研讨交流，现将这些成果公开出版，供大家参考，不足之处，请大家指正。

# 目 录 CONTENTS

# 第一篇 中国农村社会事业发展报告（2020）

全面建成小康社会，基础在农村，关键在农民。农村社会事业关乎民生、联结民心，关系亿万农民群众的自身发展和切身利益。推动农村社会事业加快发展，加强和改善农村公共服务，有利于增强农民的幸福感和获得感，有利于实现城乡一体和融合发展，有利于实现社会公平正义。2019 年，我国紧紧围绕保障和改善民生，积极推动农村社会事业改革发展，出台了一系列政策措施，财政新增社会发展资金继续向农业农村倾斜，乡村公共服务供给不断增加，为全面建成小康社会打下了坚实的基础。

本报告重点阐述 2019 年度农村社会事业发展情况，主要包括制度建设、农村教育、医疗卫生、社会保障、文体事业、人居环境等方面，分析了农村社会事业发展的主要成效，提出了面临的困难和问题，并对农村社会事业发展前景进行分析与展望，研究提出了补上农村社会事业短板的政策建议。

## 一、农村社会事业发展的重要举措

全面建成小康社会牵涉到方方面面，但补短板是硬任务。2019 年 4 月，习近平总书记在中央财经委员会第四次会议上围绕全面建成小康社会补短板问题，对农村社会事业发展提出了明确的任务要求，为加快推动农村公共服务建设提供了基本遵循。根据会议精神，当前农村社会事业重点工作主要包括：全面开展农村垃圾污水治理、厕所革命、村容村貌提升等工作，推动农村人居环境明显改善；加大对义务教育、基本医疗、住房和饮水安全、育幼养老等方面投入，解决好部分群众上学难、看不起病、住危房等急迫的现实问题；加强农村水电路讯等基础设施建设和危房改造，建立健全农村留守儿童、妇女、老年人关爱服务体系；健全社会兜底保障机制，完善最低生活保障制度，把贫困人口全部纳入城乡居民基本医疗保险、大病保险、医疗救助保障范围，完善大病兜底保障机制，解决好因病致贫问题等。

## （一）健全农村社会事业发展制度保障

2019 年，党中央、国务院针对"三农"工作进行了新部署，围绕支持农村社会事业发展出台了一系列政策措施，为促进农村社会事业更好更快发展，加快补上农村社会事业发展短板奠定了坚实的政策保障和制度基础。

2019 年中央 1 号文件立足农业农村优先发展，提出扎实推进乡村建设，加快补齐农村人居环境和公共服务短板。一方面，提出抓好农村人居环境整治三年行动，明确要求"全面推开以农村垃圾污水治理、厕所革命和村容村貌提升为重点的农村人居环境整治，确保到 2020 年实现农村人居环境阶段性明显改善，村庄环境基本干净整洁有序，村民环境与健康意识普遍增强。"另一方面，提出提升农村公共服务水平，明确要求"全面提升农村教育、医疗卫生、社会保障、养老、文化体育等公共服务水平，加快推进城乡基本公共服务均等化。"

2019 年 1 月，国家发展改革委等 18 个部门印发《加大力度推动社会领域公共服务补短板强弱项提质量　促进形成强大国内市场的行动方案》（发改社会〔2019〕0160 号），从基本公共服务和非基本公共服务两个维度，提出补齐社会领域基本公共服务短板，增强非基本公共服务弱项。在补齐基本公共服务短板方面，从义务教育、医疗卫生、养老服务、社会福利、就业创业、文化体育以及残疾人公共服务等方面，对加快实现基本公共服务均等化提出明确要求。在补强非基本公共服务弱项方面，提出从托幼服务、学前教育、社会办医等多个方面发力，着力增强人民群众公共服务供给。在提升公共服务质量和水平方面，提出充分发挥有效市场和有为政府作用，提升教育服务内涵质量，均衡发展优质医疗资源，提升养老服务质量，提高公共文化服务效能，加快智慧广电发展，推进多种旅游业态发展。

2019 年 2 月，国家发展改革委等 12 个部门印发《关于进一步推动进城农村贫困人口优先享有基本公共服务并有序实现市民化的实施意见》（发改社会〔2019〕280 号），聚焦进城农村贫困人口需求最迫切的就业、教育、医疗、社保和住房等领域，提出以均等化、普惠化、便捷化为方向，健全基本公共服务制度，落实基本公共服务项目，完善基本公共服务标准，强化公共资源投入保障，切实扩大基本公共服务有效供给，切实畅通农业转移人口市民化通道，为进城农村贫困人口在城镇稳定就业生活提供保障。

2019 年 4 月，《中共中央、国务院关于建立健全城乡融合发展体制机制和政策体系的意见》，对"建立健全有利于城乡基本公共服务普惠共享的体制机制"作出明确部署，提出"推动公共服务向农村延伸、社会事业向农村覆盖，健全全民覆盖、普惠共享、城乡一体的基本公共服务体系，推进城乡基本公共服务标准统一、制度并轨"，并重点在"建立城乡教育资源均衡配置机制""健全乡村医疗卫生服务体系""健全城乡公共文化服务体系""完善城乡统一的社会保险制度""统筹城乡社会救助体系""建立健全乡村治理机制"等方面提出明确要求。同时，《意见》还专章部署"建立健全有利于城乡基础设施一体化发展的体制机制"，要求"把公共基础设施建设重点放在乡村，坚持先建机制、后建工程，加快推动乡村基础设施提档升级，实现城乡基础设施统一规划、统一建设、统一管护。"

2019 年 8 月，中共中央印发《中国共产党农村工作条例》，对坚持和加强党对农村工作的全面领导作出了系统规定，是新时代党管"三农"工作的一个总依据。《条例》提出加强党对农村社会建设的领导，明确要求"坚持保障和改善农村民生，大力发展教育、医疗卫生、养老、文化体育、社会保障等农村社会事业，加快改善农村公共基础设施和基本公共服务条件，提升农民生活质量。"

## （二）提高农村教育发展质量

2019 年，国家坚持教育优先发展战略，高度重视农村教育事业发展，把农村教育作为优先领域，着力补齐短板，深化教育改革，持续加大农村教育投入，促进公共教育资源向农村倾斜，农村教育发展质量明显提升。

### 1. 扎实做好教育扶贫工作

2019 年，国家继续开展贫困地区控辍保学专项行动，继续增加重点高校专项招收农村和贫困地区学生人数，用教育加快阻断贫困代际传递。2019 年中央 1 号文件指出，加强贫困地区义务教育控辍保学，避免因贫失学辍学。2019 年 1 月，中共中央办公厅、国务院办公厅印发《关于促进劳动力和人才社会性流动体制机制改革的意见》提出：要推进教育优先发展保障起点公平；继续实施支援中西部地区招生协作计划、重点高校招收农村和贫困地区学生专项计划、职业教育东西协作行动计划及技能脱贫千校行动，在贫困县对口支援建设一批中等职业学校（含技工学校），增加农村地区、贫困地区、贫困家庭学生上大学的机会和接受优质高等教育的机会；深入实施职业教育东西部协作行动计划，大力实施推普脱贫攻坚，加大青壮年农牧民普通话培训力度。

2019 年 2 月，国家发展改革委等 12 个部门印发《关于进一步推动进城农村贫困人口优先享有基本公共服务并有序实现市民化的实施意见》（发改社会〔2019〕280号）提出，输入地人民政府要按照"两为主、两纳入"要求，建立以居住证为主要依据的随迁子女入学政策，优化简化入学程序和证明要求，确保贫困人口随迁子女接受义务教育，鼓励有条件的地区对贫困人口入学实施优先保障。2019年4月，教育部印发《关于做好新时期直属高校定点扶贫工作的意见》（教发〔2019〕4号）提出，要发挥高校优势，推进教育扶贫，继续实施好贫困地区定向招生专项计划和高校农村单独招生专项计划，畅通农村和贫困地区学子纵向流动渠道。2019年6月，国务院扶贫开发领导小组印发《关于解决"两不愁三保障"突出问题的指导意见》，要求保障贫困家庭义务教育阶段适龄儿童、少年不失学辍学，保障有学上、上得起学，加强乡镇寄宿制学校、乡村小规模学校和教师队伍建设，扎实推进义务教育控辍保学工作，加大对家庭经济困难学生资助力度，有效阻断贫困代际传递。

**2. 农村教育投入力度持续加大**

各级财政教育投入继续增加。2019年6月，《中共中央、国务院关于深化教育教学改革全面提高义务教育质量的意见》提出"保障义务教育财政经费投入，加大对教师队伍建设、教育教学改革、提高教育质量经费支持力度。"2019年7月，教育部等3个部门印发《关于切实做好义务教育薄弱环节改善与能力提升工作的意见》（教督〔2019〕4号）提出，"在继续安排农村义务教育学校校舍安全保障长效机制、教育现代化推进工程等资金基础上，中央财政通过安排义务教育薄弱环节改善与能力提升补助资金，支持中西部地区和东部部分困难地区"。根据教育部《2019年全国教育经费执行情况统计快报》，2019年，全国教育经费总投入为50 175亿元，比上年增长8.74%。其中，国家财政性教育经费为40 049亿元，比上年增长8.25%。各级教育经费投入中，全国义务教育经费总投入为22 780亿元，比上年增长9.12%。各级教育生均教育经费支出方面，全国幼儿园为 11 855 元，比上年增长 11.33%。全国普通小学为 13 493 元，比上年增长 5.92%。全国普通初中为 19 562元，比上年增长 5.63%。

推进农村教育领域财政事权和支出责任划分改革。2019 年 5月，国务院办公厅印发《教育领域中央与地方财政事权和支出责任划分改革方案》（国办发〔2019〕27 号），提出抓紧形成中央领导、合理授权、系统完整、科学规范、权责清晰、运转高效的教育领域财政事权和支出责任划分模式，加快建立权责清晰、财力协调、区域均衡的中央和地方财政关系。比如，在义务教育方面，文件要求制定全国统一的基准定额，并按规定提高寄宿制学校等公用经费水平，单独核定义务教育阶段特殊教育学校和随班就读残疾学生等公用经费标准。农村公办学校校舍单位面积补助测算标准由国家统一制定。所需经费由中央与地方财政分档按比例分担。根据文件精神，从 2019 年秋季学期起，将义务教育阶段建档立卡学生，以及非建档立卡的家庭经济困难残疾学生、农村低保家庭学生、农村特困救助供养学生等四类家庭经济困难非寄宿生纳入生活补助范围。

促进城乡教育资源均衡发展。坚持"保基本、补短板、促公平、提质量"，经费使用进一步向困难地区和薄弱环节倾斜。2019年 1 月，国家发展改革委等 18 个部门印发《加大力度推动社会领域公共服务补短板强弱项提质量　促进形成强大国内市场的行动方案》（发改社会〔2019〕0160 号）提出，要推进义务教育均衡发展，推进县域内城乡义务教育学校建设标准统一、教师编制标准统一、生均公用经费基准定额统一、基本装备配置标准统一和"两免一补"政策城乡全覆盖，继续加大对困难地区和薄弱学校支持力度，完善农村小规模学校（教学点）基本办学条件，落实对不足100 人的小规模学校按 100 人标准拨付公用经费。

持续改善农村义务教育学生营养健康状况。2019 年 2 月，教育部等 5 个部门印发《关于进一步加强农村义务教育学生营养改善计划有关管理工作的通知》（教督函〔2019〕2 号），要求各地结合当地经济发展实际及物价水平，在落实国家基础标准上，进一步完善政府、家庭、社会力量共同承担膳食费用机制，有效提高供餐质量，切实改善学生营养状况。同时，对强化食品安全管理，严格资金使用管理，加强营养健康教育等方面提出了具体要求。2019 年 5 月，国务院办公厅印发的《关于印发教育领域中央与地方财政事权和支出责任划分改革方案的通知》（国办发〔2019〕27 号）明确指出，贫困地区农村义务教育学生营养膳食补助标准由中央与地方分别制定，调整为统一制定国家基础标准。国家试点范围为集中连片特困地区县，所需经费由中央财政承担；地方试点范围为其他国家扶贫开发工作重点县、省级扶贫开发工作重点县、民族县、边境县、革命老区县，具体实施步骤由各地结合实际确定并按照国家基础标准统筹安排经费，中央财政给予生均定额奖补。

### 3. 加强乡村师资队伍建设

乡村教师对学生的成长成才至关重要。2019 年，全国乡村小学专任教师约有 167.9 万人、代课教师 6.3 万人、兼任教师 1.5 万人。全国共有乡村初中专任教师 55.8 万人，其中女教师 28 万人。全国共有乡村幼儿园园长 7.5 万人、专任教师 44.8 万人[①]。2019 年，教育部继续实施"硕师计划""特岗计划""银龄讲学计划"等专项行动，以义务教育教师队伍"县（区）管校聘"管理改革为重点，全面推进城乡校长教师交流轮岗工作，推行城乡教育联合体模式，加大城乡教师合理流动和对口支援力度，严格落实教师编制保障、薪酬待遇、职称评聘、荣誉奖励、职业发展等方面的政策，并落实推动城镇教师到乡村学校任教的相关规定，促进师资均衡配置，加大城乡教师合理流动和对口支援力度，为乡村学校源源不断

---

① 本报告乡村教育相关数据主要来源于《中国教育统计年鉴》，其中乡村数据仅包含乡中心区与村庄，并不包含镇中心区、镇乡结合部、特殊区域。

补充优质师资。

充实乡村地区教师队伍。2019年4月，《中共中央、国务院关于建立健全城乡融合发展体制机制和政策体系的意见》提出，鼓励省级政府建立统筹规划、统一选拔的乡村教师补充机制，为乡村学校输送优秀高校毕业生。推动教师资源向乡村倾斜，通过稳步提高待遇等措施增强乡村教师岗位吸引力。2019年1月，国家发展改革委等18个部门联合印发《加大力度推动社会领域公共服务补短板强弱项提质量　促进形成强大国内市场的行动方案》（发改社会〔2019〕0160号）提出，要扩大普惠性学前教育资源，大力发展农村学前教育，鼓励以定向培养方式为贫困地区农村培养幼儿教师。

稳步提升乡村教师待遇。国家通过完善政策举措，加大资金投入，逐步提高补助标准，逐步建立乡村教师生活补助经费长效机制，切实保证连片特困地区全面落实乡村教师生活补助政策。2019年5月，国务院办公厅印发《关于印发教育领域中央与地方财政事权和支出责任划分改革方案的通知》（国办发〔2019〕27号），提出农村义务教育阶段学校教师特设岗位计划教师补助、集中连片特困地区乡村教师生活补助等所需经费由地方财政统筹安排，中央财政分别给予工资性补助和综合奖补。截至2019年底，中西部22个省份725个连片特困地区县，全面实施了乡村教师生活补助政策，覆盖8.06万所乡村学校，受益教师126.54万人。在中央奖补政策的示范引领下，中西部22个连片特困地区省份中有17个省份主动作为，扩大乡村教师生活补助政策覆盖面，将657个非连片特困地区县纳入补助范围，总计投入资金41.15亿元，惠及103.5万名教师。非连片特困地区10个省份中有7个自主实施了乡村教师生活补助政策，政策覆盖355个县（市、区）2.1万所学校的74.6万名教师，总投入达72.27亿元，人均月补助额为832元。

提高乡村教师教育教学能力。2019年3月，教育部办公厅、财政部办公厅印发《关于做好2019年中小学幼儿园教师国家级培训计划组织实施工作的通知》（教师厅〔2019〕2号）提出，集中支持边远贫困地区教师培训。实施乡村教师培训扶贫攻坚行动，优先支持集中连片特困地区县、国家级贫困县、"三区三州"等深度贫困地区县，通过国培、省培等各级培训，确保2020年前完成对贫困地区乡村教师培训全覆盖。同时，文件要求采取高等学校与项目区县"校地合作"方式，共建乡村教师专业发展示范区，共育乡村教师专业发展示范校与示范团队。2019年3月，教育部印发《关于实施全国中小学教师信息技术应用能力提升工程2.0的意见》（教师〔2019〕1号）提出，要以"三区三州"等深度贫困地区、老少边穷地区为重点，国家示范、地方为主，整合资源、协同推进，因地制宜开展贫困地区乡村教师信息化教学示范培训，探索名师网络课堂和远程协同教研相结合的"双师教学"模式培训改革，提高乡村教师信息技术应用能力，推动乡村教育现代化。2019年6月，中共中央、国务院印发《关于深化教育教学改革全面提高义务教育质量的意见》，提出要发展素质教育、提高农村义务教育课堂教学质量、加强高素质教师队伍建设。重点实施好"国培计划"，增加农村教师培训机会，加强紧缺学科教师培训，提高教育教学能力。实施乡村优秀青年教师培养奖励计划，定期开展教学素养展示和教学名师评选活动，对教育教学业绩突出的教师予以表彰奖励。

深化农村学校教研工作改革。2019年11月教育部印发《关于加强和改进新时代基础教育教研工作的意见》（教基〔2019〕14号）提出，深化教研工作改革，创新教研工作方式，要根据不同学科、不同学段、不同教师的实际情况，因地制宜采用区域教研、网络教研、综合教研、主题教研以及教学展示、现场指导、项目研究等多种方式，提升教研工作的针对性、有效性和吸引力、创造力。建立教研员乡村学校、薄弱学校联系点制度，组织教研员到农村、贫困、民族、边远地区学校和薄弱学校持续开展教学指导，帮助乡村学校和薄弱学校提升教育教学质量。

专栏一

## 教师教育振兴行动计划

2018年2月，教育部等五部门印发《教师教育振兴行动计划（2018—2022年）》，提出经过5年左右努力，办好一批高水平、有特色的教师教育院校和师范类专业，教师培养培训体系基本健全，为我国教师教育的长期可持续发展奠定坚实基础。师德教育显著加强，教师培养培训的内容方式不断优化，教师综合素质、专业化水平和创新能力显著提升，为发展更高质量更加公平的教育提供强有力的师资保障和人才支撑。

一是落实师德教育新要求，增强师德教育实效性。将学习贯彻习近平总书记对教师的殷切希望和要求作为教师师德教育的首要任务和重点内容。加强师德养成教育，用"四有好老师"标准、"四个引路人"、"四个相统一"和"四个服务"等要求，统领教师成长发展，细化落实到教师教育课程，引导教师以德立身、以德立学、以德施教、以德育德。

二是提升培养规格层次，夯实国民教育保障基础。全面提高师范生的综合素养与能力水平。根据各地实际，为义务教育学校培养更多接受过高质量教育的素质全面、业务见长的本科层次教师，为普通高中培养更多专业突出、底蕴深厚的研究生层次教师，为中等职业学校（含技工学校）大幅增加培养具有精湛实践技能的"双师型"专业课教师，为幼儿园培养一大批关爱幼儿、擅长保教的学前教育专业专科以上学历教师，教师培养规格层次满足保障国民教育和创新人才培养的需要。

三是改善教师资源供给，促进教育公平发展。加强中西部地区和乡村学校教师培养，重点为边远、贫困、民族地区教育精准扶贫提供师资保障。支持中西部地区提升师范专业办学能力。推进本土化培养，面向师资补充困难地区，逐步扩大乡村教师公费定向培养规模，为乡村学校培养"下得去、留得住、教得好、有发展"的合格教师。建立健全乡村教师成长发展的支持服务体系，高质量开展乡村教师全员培训，培训的针对性和实效性不断提高。

四是创新教师教育模式，培养未来卓越教师。吸引优秀人才从教，师范生生源质量显著提高，用优秀的人去培养更优秀的人。注重协同育人，注重教学基本功训练和实践教学，注重课程内容不断更新，注重信息技术应用能力，教师教育新形态基本形成。师范生与在职教师的社会责任感、创新精神和实践能力不断增强。

五是发挥师范院校主体作用，加强教师教育体系建设。加大对师范院校的支持力度，不断优化教师教育布局结构，基本形成以国家教师教育基地为引领、师范院校为主体、高水平综合大学参与、教师发展机构为纽带、优质中小学为实践基地的开放、协同、联动的现代教师教育体系。

### 4. 持续改善农村学校基本办学条件

2019 年，持续改善贫困地区义务教育薄弱学校基本办学条件，加快推进乡镇寄宿制学校和乡村小规模学校标准化建设，农村义务教育特别是贫困地区农村学校办学条件显著改善，农村学校面貌焕然一新。

改善基本教学条件。2019 年 2 月，国家发展改革委等 12 个部门印发《关于进一步推动进城农村贫困人口优先享有基本公共服务并有序实现市民化的实施意见》（发改社会〔2019〕280 号）提出，要推动进城农村贫困人口优先享有基本公共服务，要求做好城镇义务教育学校规划布局，全面推进贫困地区义务教育薄弱学校改造工作，确保所有义务教育学校达到基本办学条件。2019 年 7 月，教育部等 3 个部门联合印发《关于切实做好义务教育薄弱环节改善与能力提升工作的意见》（教督〔2019〕4 号）提出，要科学合理设置乡镇寄宿制学校和乡村小规模学校，基本补齐两类学校短板，办学条件达到所在省份基本办学标准，实现农村义务教育学校网络教学环境全覆盖，不断提升农村学校教育信息化应用水平。同时，加强乡镇寄宿制学校和乡村小规模学校建设。

完善配套生活设施。2019 年 1 月，国家发展改革委等 18 个部门印发《加大力度推动社会领域公共服务补短板强弱项提质量 促进形成强大国内市场的行动方案》（发改社会〔2019〕0160 号）提出，"加强乡镇寄宿制学校建设，为住宿学生配备宿舍、食堂、厕所、澡堂等基本生活设施，落实对寄宿制学校按寄宿生年生均 200 元标准增加公用经费补助。"2019 年 7 月，教育部等 3 个部门印发《关于切实做好义务教育薄弱环节改善与能力提升工作的意见》（教督〔2019〕4 号）提出，"要按照标准化要求，加强宿舍、食堂、厕所和体育运动场地建设，配齐洗浴、饮水、取暖等学生生活必需的设施设备，全面改善学生吃、住、学、文化活动等基本条件，满足偏远地区学生和留守儿童的寄宿需求。对于规划保留的乡村小规模学校，要结合实际设置必要的功能教室，配备必要的设施设备，保障基本教育教学需要，防止盲目撤并乡村小规模学校人为造成学生辍学和生源流失，避免出现新的校舍闲置问题。"

**5. 加快推进乡村教育信息化**

加强农村教育信息化基础设施建设。2019 年 5 月，中共中央办公厅、国务院办公厅印发《数字乡村发展战略纲要》要求，加快实施学校联网攻坚行动，推动未联网学校通过光纤、宽带卫星等接入方式普及互联网应用，实现乡村小规模学校和乡镇寄宿制学校宽带网络全覆盖。发展"互联网＋教育"，推动城市优质教育资源与乡村中小学对接，帮助乡村学校开足开好开齐国家课程。2019 年 7 月，教育部等 3 个部门印发《关于切实做好义务教育薄弱环节改善与能力提升工作的意见》（教督〔2019〕4 号）提出，推进农村学校教育信息化建设。各地要按照教育信息化"三通"要求，通过光纤、双向宽带卫星等方式，加快推进农村学校宽带网络接入，实现全覆盖。完善学校网络教学环境，为确需保留的乡村小规模学校建设专递课堂、同步课堂，共享优质教育资源，提高应用服务水平和信息化教学能力。开展"互联网＋教育"试点，探索构建高速泛在、开放共享、安全可靠的教育信息化环境，进一步提升农村学校教育信息化应用水平。

提高农村信息化教育水平。2019 年 6 月，中共中央、国务院印发《关于深化教育教学改革全面提高义务教育质量的意见》，指出要促进信息技术与教育教学融合应用，推进"教育＋互联网"发展，按照服务教师教学、服务学生学习、服务学校管理的要求，建立覆盖义务教育各年级各学科的数字教育资源体系。加快数字校园建设，积极探索基于互联网的教学。免费为农村和边远贫困地区学校提供优质学习资源，加快缩小城乡教育差距。加强信息化终端设备及软件管理，建立数字化教学资源进校园审核监管机制。2019 年 7 月，教育部等 11 个部门印发《关于促进在线教育健康发展的指导意见》（教发〔2019〕11 号），提出"支持面向深度贫困地区开发英语、数学及音、体、美等在线教育资源，补齐教育基本公共服务短板。"

### 6. 加快推进农业农村人才培养

随着乡村振兴战略的实施，我国需要大量的应用型、技术型技能人才。2019 年，国家进一步加快发展面向农村的职业教育，以新农科建设为统领，推进高等农林教育创新发展，创新乡村人才培训方式，为乡村振兴战略实施提供了人才支撑。

完善农村职业教育政策。2019 年，国家持续加大农村职业教育投入。中央财政支持职业教育安排资金 237 亿元，比 2018 年增加约 50 亿元。2019 年 6 月，农业农村部、教育部联合印发《关于做好高职扩招培养高素质农民有关工作的通知》（农办科〔2019〕24号）提出，拟通过5年的努力，培养100万名接受学历职业教育、具备市场开拓意识、能推动农业农村发展、带领农民增收致富的高素质农民。培养方式按照"标准不降、模式多元、学制灵活"的原则，采取全日制学习形式，施行弹性学制和灵活多元教学模式，提高人才培养的针对性、适应性和实效性。

深入开展新农科研究与改革实践。2019年12月5日，相关部门在北京召开新农科建设北京指南工作研讨会，深入学习习近平总书记给全国涉农高校书记校长和专家代表重要回信精神，对新农科建设的改革实践作出部署，支持涉农高校主动对接农业农村发展新要求，深入推进卓越农林人才教育培养计划2.0，进一步完善科教结合、产教融合等协同育人模式，加快培养创新型、复合应用型、实用技能型卓越农林人才。

**7. 积极落实创业就业保障政策**

加大政策保障力度。2019年1月，中央农村工作领导小组办公室、农业农村部印发《关于做好2019年农业农村工作的实施意见》（中农发〔2019〕1号），提出要大力推进乡村创新创业，深入推进农业农村领域"放管服"改革，完善乡村双创政策支持体系，重点解决信贷、技术、用地、用电等方面困难。2019年1月，国家发展改革委等18个部门印发《加大力度推动社会领域公共服务补短板强弱项提质量 促进形成强大国内市场的行动方案》（发改社会〔2019〕0160号），对提升公共就业创业服务水平作出部署，要求推进全方位公共就业服务，建立全国统一的公共就业创业服务平台，加大对贫困地区、农村地区公共就业创业服务倾斜力度。

提升职业技能培训。2019年1月，科技部印发《创新驱动乡村振兴发展专项规划（2018—2022年）》（国科发农〔2019〕15号）提出，要积极探索农业农村创新创业的新空间、新业态、新模式，并统筹资源进一步加大倾斜支持力度。实施乡村实用科技人才培育行动，推进各类乡村振兴实施主体的科技素质和职业技能提升。2019 年 5 月，国务院办公厅印发《职业技能提升行动方案（2019—2021 年)》(国办发〔2019〕24 号）提出，面向职工、就业重点群体、建档立卡贫困劳动力（以下简称贫困劳动力）等城乡各类劳动者，大规模开展职业技能培训，加快建设知识型、技能型、创新型劳动者大军。面向农村转移就业劳动者特别是新生代农民工、城乡未继续升学初高中毕业生（以下称"两后生"）等青年、下岗失业人员、退役军人、就业困难人员（含残疾人），持续实施农民工"春潮行动"、"求学圆梦行动"、新生代农民工职业技能提升计划和返乡创业培训计划以及劳动预备培训、就业技能培训、职业技能提升培训等专项培训，全面提升职业技能和就业创业能力。围绕乡村振兴战略，实施高素质农民培育工程和农村实用人才带头人素质提升计划，开展职业技能培训。

## （三）优化乡村医疗卫生服务

农村医疗卫生是医疗卫生工作的重点。2019 年，国家高度重视健康乡村建设，持续加大农村基层卫生投入，巩固完善乡村医疗卫生服务体系，乡村基层卫生服务能力大幅提升。2019 年中央 1 号文件针对贫困人口提出，要落实基本医疗保险、大病保险、医疗救助等多重保障措施，筑牢乡村卫生服务网底，保障贫困人口基本医疗需求。同时，文件还要求，加快标准化村卫生室建设，实施全科医生特岗计划；建立健全统一的城乡居民基本医疗保险制度，同步整合城乡居民大病保险。2019 年 4 月，《中共中央、国务院关于建立健全城乡融合发展体制机制和政策体系的意见》从构建城乡基本公共服务普惠共享的体制机制角度出发，对于"健全乡村医疗卫生服务体系"作出具体部署。

### 1. 不断提高经费补贴标准

2019 年 8 月，国家卫生健康委等部门印发《关于做好 2019 年基本公共卫生服务项目工作的通知》（国卫基层发〔2019〕52 号），将 2019 年人均基本公共卫生服务经费补助标准定为 69 元，新增 5 元经费全部用于村和社区。《通知》还要求，创新绩效评价方式方法，明确乡村两级任务分工，对村级承担的基本公共卫生服务任务，在开展绩效评价后根据结果及时拨付，切实落实补助经费，保障乡村医生的合法权益，严禁无故克扣乡村医生基本公共卫生服务补助。

**2. 改善农村医疗卫生保障条件**

推进健康乡村建设，需要持续不断改善农村医疗卫生保障条件。2019 年 4 月，《中共中央、国务院关于建立健全城乡融合发展体制机制和政策体系的意见》提出："改善乡镇卫生院和村卫生室条件，因地制宜建立完善医疗废物收集转运体系，提高慢性病、职业病、地方病和重大传染病防治能力，加强精神卫生工作，倡导优生优育。"同时，国家相关部门印发多个文件聚焦贫困地区县域医疗卫生服务能力建设。比如，2019 年 2 月，国家发展改革委等 18 个部门印发《加大力度推动社会领域公共服务补短板强弱项提质量　促进形成强大国内市场的行动方案》（发改社会〔2019〕0160 号）提出，"确保每个县（市、区）建 1~2 所县级公立医院（含中医院），并以集中连片特殊困难地区和国家扶贫开发工作重点县为重点，改善基础设施和装备条件。地方政府负责筹集资金，加强社区卫生服务中心（站）、乡镇卫生院和村卫生室的基础设施标准化建设。"

**3. 加强乡村医疗卫生人才队伍建设**

健全乡村医疗卫生服务体系离不开医疗卫生人才队伍建设。2019 年 4 月，《中共中央、国务院关于建立健全城乡融合发展体制机制和政策体系的意见》提出，推动职称评定、工资待遇等向乡村教师、医生倾斜，优化乡村教师、医生中高级岗位结构比例。2019 年 9 月，国家卫健委等 7 个部门联合印发《关于做好农村订单定向免费培养医学生就业安置和履约管理工作的通知》（国卫科教发

〔2019〕56 号）提出，各地应当将定向医学生作为急需紧缺专业技术人才，在签约县域内优先安排到服务人口多、全科医疗需求大、全科医生较为短缺以及贫困地区农村基层医疗卫生机构全科医疗岗位服务，充分发挥其在全科医疗工作中的优势与作用，做实做细家庭医生签约服务。同时，在薪酬待遇方面，文件要求对按协议到农村基层医疗卫生机构工作的定向医学生，有关部门要按照国家政策，落实有关工资福利和社会保障待遇，并结合实际提供必要的工作生活条件和周转住房。用人单位应当按规定为其职工申请办理社会保险登记并申报缴纳社会保险费。

**4. 着力解决贫困人口基本医疗保障问题**

医疗保障扶贫是打赢脱贫攻坚战的重要举措之一。贫困人口基本医疗有保障，主要是指贫困人口全部纳入基本医疗保险、大病保险和医疗救助等制度保障范围，常见病、慢性病能够在县乡村三级医疗机构获得及时诊治，得了大病、重病后基本生活仍然有保障。2019 年 7 月，国家卫健委等 6 个部门印发《解决贫困人口基本医疗有保障突出问题工作方案》（国卫扶贫发〔2019〕45 号）提出，在脱贫攻坚期内，全面完成乡镇卫生院和村卫生室基础设施建设，合理配置乡镇卫生院、村卫生室医疗设备。加强乡镇卫生院中医药科室建设和村卫生室中医药设备配置。2019 年 9 月，国家医保局等 4 部门印发《关于坚决完成医疗保障脱贫攻坚硬任务的指导意见》（医保发〔2019〕57 号），进一步细化基本医疗保障任务目标和指导标准，确保贫困人口全部纳入三项制度覆盖，确保待遇落实到人；强调坚持基本保障标准，既不拔高、也不降低，妥善治理过度保障，确保基金平稳运行。同时，要求做好进展动态监测，进一步改进工作作风，加大医保扶贫宣传力度，加强贫困地区医保服务能力建设。

针对进城农村贫困人口医疗保障需求，有关部门也加大政策支持力度，在公共服务方面给予优先和倾斜支持，以促进其稳定脱贫放心落户。2019 年 2 月，国家发展改革委等 12 个部门印发《关于进一步推动进城农村贫困人口优先享有基本公共服务并有序实现市民化的实施意见》（发改社会〔2019〕280 号）提出，一方面要推进大病集中救治和慢病签约管理，组织对患有大病和长期慢性病的贫困人口实行分类分批救治，将健康扶贫落实到人、精准到病，强化医疗卫生机构受理环境建设和便民惠民应用，确保贫困人口健康卡卡随人走。另一方面，要求实现贫困人口医保全覆盖。落实农村贫困人口参加城乡居民基本医疗保险个人缴费财政补贴政策，切实将贫困人口全部纳入基本医疗保险、大病保险和医疗救助保障范围。加强各项制度有效衔接，在定点医疗机构实现"一站式"结算，做好医保关系转移接续和异地就医结算工作。

**专栏二**

## 贫困人口基本医疗有保障工作标准

### 一、保障基本医疗的可及性

（一）医疗卫生机构"三个一"

1. 每个贫困县建好 1 所县级公立医院（含中医院），具有相应功能用房和设施设备。靠近或隶属于市级行政区的贫困县，市级公立医院能够满足需求的，可结合当地实际不单独设立县级医院。

2. 每个乡镇建成 1 所政府办卫生院，具有相应功能用房和设施设备，能够承担常见病多发病诊治、急危重症病人初步现场急救和转诊等职责。

3. 每个行政村建成 1 个卫生室，具有相应功能用房和设施设备，能够开展基本的医疗卫生服务。人口较少或面积较小的行政村可与相邻行政村联合设置村卫生室，乡镇卫生院所在地的行政村可不设村卫生室。

（二）医疗技术人员"三合格"

1. 每个县医院的每个专业科室至少有 1 名合格的执业医师。

2. 每个乡镇卫生院至少有 1 名合格的执业（助理）医师或全科医师。

3. 每个村卫生室至少有 1 名合格的乡村医生或执业（助理）医师。

（三）医疗服务能力"三条线"

1. 常住人口超过 10 万人的贫困县有一所县医院（中医院）达到二级医院医疗服务能力。

2. 常住人口超过 1 万人的乡镇卫生院达到《乡镇卫生院管理办法（试行）》（卫农卫发〔2011〕61 号）要求。

3. 常住人口超过 800 人的行政村卫生室达到《村卫生室管理办法（试行）》（国卫基层发〔2014〕33 号）要求。

**二、确保医疗保障制度全覆盖**

农村建档立卡贫困人口全部纳入基本医疗保险、大病保险、医疗救助覆盖范围。

## （四）巩固完善农村社会保障体系

农村社会保障体系建设是保障和改善民生的重要内容，也是振兴乡村的重要支撑。2019 年中央 1 号文件指出，要进一步完善城乡居民基本养老保险待遇确定和基础养老金正常调整机制，统筹城乡社会救助体系，完善最低生活保障制度、优抚安置制度。

### 1. 建立城乡一体的社会保障制度

2019 年 4 月，《中共中央、国务院关于建立健全城乡融合发展体制机制和政策体系的意见》从"完善城乡统一的社会保险制度"和"统筹城乡社会救助体系"两个方面作出部署。在社会保险方面，文件提出完善统一的城乡居民基本医疗保险、大病保险和基本养老保险制度，巩固医保全国异地就医联网直接结算。建立完善城乡居民基本养老保险待遇确定和基础养老金正常调整机制。做好社会保险关系转移接续工作，建立以国家政务服务平台为统一入口的社会保险公共服务平台。在社会救助方面，文件提出做好城乡社会救助兜底工作，织密兜牢困难群众基本生活安全网。推进低保制度城乡统筹，健全低保标准动态调整机制，确保动态管理下应保尽保。全面实施特困人员救助供养制度，提高托底保障能力和服务质量。2019年2月，国家发展改革委等12个部门印发《关于进一步推动进城农村贫困人口优先享有基本公共服务并有序实现市民化的实施意见》（发改社会〔2019〕280号），针对进城农村贫困人口提出，健全综合保障体系，加大各类保障统筹力度，加快建立以社会保险、社会救助、社会福利制度为主体，以社会帮扶、社工助力为辅助的综合保障体系。

**2. 充分发挥临时救助制度效能**

2019年9月，民政部印发《关于做好当前困难群众基本生活保障工作的通知》（民函〔2019〕95号），要求进一步完善最低生活保障对象认定办法，健全社会救助申请家庭经济状况核查机制，统筹考虑家庭成员因残疾、患重病等增加的刚性支出、必要的就业成本等因素，综合评估家庭经济状况，及时将符合条件的家庭纳入低保范围。对未脱贫建档立卡贫困户中的重病患者、重度残疾人等完全丧失劳动能力和部分丧失劳动能力的人员，以及生活困难的成年、无业重度残疾人，参照单人户纳入低保，切实做到"应保尽保"。临时救助是保障困难群众基本生活权益的兜底性制度安排，承担着筑牢社会救助体系最后一道防线的职责任务。文件要求充分发挥临时救助"兜底中的兜底"作用，积极开展先行救助，全面落实县、乡两级审批政策规定，不断增强救助时效性。对遭遇重大生活困难的，采取一事一议方式提高救助额度，加大救助力度。

### 3. 引导支持社会力量参与

2019 年 9 月，民政部印发《关于做好当前困难群众基本生活保障工作的通知》（民函〔2019〕95 号）提出，各地要全面落实支持社会力量参与社会救助的政策措施，积极培育发展以扶贫济困、救灾救助为宗旨的慈善组织，引导和支持公益慈善组织，通过建立专项基金、设立慈善项目、发动社会募捐等形式，积极参与对困难群众的救助帮扶，形成与政府救助的有效衔接、接续救助。

### 4. 完善农村特殊群体关爱服务体系

农村留守儿童、留守妇女和留守老人等农村特殊群体面临着特殊的困难，需要特别的关爱。习近平总书记就农村留守儿童、留守妇女和留守老年人关爱服务工作多次作出重要指示，强调要抓紧完善相关政策措施，健全农村留守儿童、妇女、老年人关爱服务体系，围绕留守人员基本生活保障、教育、就业、卫生健康、思想情感等实施有效服务。

2019 年 4 月，民政部等 10 个部门联合印发《关于进一步健全农村留守儿童和困境儿童关爱服务体系的意见》（民发〔2019〕34 号），明确了未成年人救助保护机构、儿童督导员、儿童福利主任的职责，为做好农村留守儿童和困境儿童关爱服务工作提供了制度保障。2019 年 11 月，民政部等 6 个部门联合印发《关于劳动密集型企业进一步加强农村留守儿童和困境儿童关爱服务工作的指导意见》（民发〔2019〕116 号），推动儿童福利工作向更细更实的方向延伸。截至 2019 年，全国乡镇一级配备儿童督导员 4.5 万名，村一级配备儿童主任 62.5 万名，有效提升了儿童关爱保护水平。

2019 年 9 月，民政部等 13 个部门出台《关于加强农村留守妇女关爱服务工作的意见》（民发〔2019〕86 号），首次针对留守妇女在生产生活中面临的一些困难和需求，从国家层面对完善农村留守妇女关爱服务工作进行部署，对留守妇女提供就业创业指导、精神关爱、权益维护、家教支持等政策措施。文件要求进一步完善农村留守妇女关爱服务体系、健全工作机制、提升关爱服务能力，充分发挥农村留守妇女在社会生活和家庭生活中的独特作用，最大限度地调动农村留守妇女的积极性、主动性、创造性。

在农村留守老年人关爱服务体系建设方面，2019年国家进一步加大对包括农村养老设施在内的财政支持和投融资扶持力度，健全完善农村困难老年人生活保障体系，积极支持农村互助养老，加强农村留守老年人关爱服务。2019年3月，国务院办公厅印发《关于推进养老服务发展的意见》（国办发〔2019〕5号）提出，建立健全定期巡访独居、空巢、留守老年人工作机制，积极防范和及时发现意外风险。民政部在原全国留守儿童和困境儿童信息管理系统基础上，升级开发了全国农村"三留守"人员信息管理系统。该系统包含农村留守老年人信息管理系统，并已在全国范围内上线运行。截至2019年，各省份均制定了加强农村留守、空巢老年人关爱服务体系的专项政策文件或实施细则，农村留守老年人关爱服务体系不断完善。

**专栏三**

### 江西丰城"老人幸福食堂"解决吃饭难问题

近年来，江西丰城市在农村积极推广建立"老人幸福食堂"，通过政府购买服务、乡镇财政支持、社会爱心捐助、老人自愿承担等途径筹集资金，解决好60岁以上农村留守、独居及生活困难老年人一日三餐问题，在农村养老方面进行了积极探索。截至2019年12月，丰城市共建设"老人幸福食堂"483个，其中340个已经投入使用，惠及农村留守、独居老人6 483名。此外仍有103个在建，建成后将覆盖全市80%的建制行政村（社区）、92%的农村建制村（居）委会。具体做法如下：

一是以党建为引领凝聚发展合力。丰城市高度重视"幸福食堂"建设，将其作为市基层党组织"三化"建设的重要内容和第二批"不忘初心、牢记使命"主题教育活动。2019年，专门制定《推进"党建＋乐龄中心（幸福食堂）"工作实施方案》，明确了相关职能部门工作定位，形成上下联动、整体推进的工作格局。同时，加大督导考核力度，不定期派出联合督导组对各镇村开展现场督查，将考评结果作为年度党建述职内容和科学发展考评的重要依据，以此推动"老人幸福食堂"建设进程。

二是健全多元投入保障机制。在资金保障方面，丰城市采取"政府补助、村级投入、社会捐助、老人自缴、自我发展"相结合的建设运行模式，以财政经费整合撬动各方面资金，统筹解决资金保障问题。丰城市本级财政共安排1 700万元用于站点建设补贴，另外每年安排1 500万元用于站点运营补贴。比如，洛市镇小溪村"颐养之家"除财政补助外，还广泛发动社会爱心人士筹集资金50万元成立了"颐养基金"。该基金主要投入经营稳定的上市公司，每年收入利息7.5万元，作为支持"颐养之家"运行费用。运行经费以老人自筹为主，入住老人原则上每人每月自缴不低于200元，其余部分以"颐养基金"收益兜底，建立了可持续运行机制。

三是盘活利用闲置集体资产。随着城市化进程的加快，越来越多的农村出现"空心化"，农村宅基地、校舍资源出现了废弃、闲置、浪费现象。为节约建设经费，各村根据自身实际，充分利用村组祠堂、闲置小学、民房、村部等场所，通过新建、扩建、改建等多种方式建立"老人幸福食堂"建设点。

同时，建成后的"老人幸福食堂"也纳入村集体资产统一管理，由村党组织负责日常运营监管，成立运行管理理事会，建立健全了食堂固定资产、物资购置与消耗、资金管理、食堂管理、食品安全等各项制度，并由镇村两级不定期进行核查，不仅盘活了闲置资产，还提升了民主管理意识。

四是以餐饮为主叠加多元服务。"老人幸福食堂"首要任务是解决老人的一日三餐问题，并在此基础上叠加多元服务，拓展至生活照料、文化娱乐、护理保健和日间托老照顾等方面，让老年人获得助餐服务的同时，享受到其他养老需求服务。如洛市镇小溪村"颐养之家"合理规划场所功能分区，配备了宿舍、厨房、餐厅、卫生室、文娱室、室外活动场所，以及卫生间等其他必要生活设施。同时，探索医养结合，为村医生免费提供场所，让其长期"入家办公"，晚上也住在颐养之家，为老人提供"全天候"健康服务。

五是多措并举丰富精神文化生活。在"老人幸福食堂"，老人们可以聚在一起或聊天拉家常、或打牌、或看电视、或读书看报，乐在其中、其乐融融。在文化生活层面，一方面，开展志愿服务送温暖活动，社会各界志愿者经常到"颐养之家"为老人打扫卫生、捐款捐物；另一方面，开展农民讲师团送政策活动，镇村两级农民讲师不定期到幸福食堂宣讲，使"老人幸福食堂"成为宣传党的路线方针政策的阵地，传播身边凡人善举的窗口，传授健康文化知识的课堂，弘扬社会主义核心价值观的平台。

## （五）加快推动农村文体事业发展

乡村振兴，既要塑形，也要铸魂。推进移风易俗、建设文明乡风，是实施乡村振兴战略一项重要工作，是培育和践行社会主义核心价值观的必然要求。实现农业农村现代化，必须推进文明乡风建设，提升农民群众精神面貌，弘扬社会主义新风尚。

## 1. 加强农村精神文明建设

加强农村精神文明建设，有利于社会主义核心价值观的培育实践，是建设文明乡风的现实需要。2019年中央1号文件提出开展新时代文明实践中心建设试点，抓好县级融媒体中心建设。深化拓展群众性精神文明创建活动，推出一批农村精神文明建设示范县、文明村镇、最美家庭，挖掘和树立道德榜样典型，发挥示范引领作用。2019年1月，中央农村工作领导小组办公室、农业农村部印发《关于做好2019年农业农村工作的实施意见》（中农发〔2019〕1号），要求大力推进移风易俗，充分发挥村规民约的作用，采取群众认可的约束性措施有效遏制婚丧陋习、天价彩礼、孝道式微、老无所养等不良社会风气。2019年5月，中共中央办公厅、国务院办公厅印发《数字乡村发展战略纲要》，提出要利用互联网宣传中国特色社会主义文化和社会主义思想道德，建设互联网助推乡村文化振兴建设示范基地。2019年6月，中共中央办公厅、国务院办公厅印发《关于加强和改进乡村治理的指导意见》，提出要积极培育和践行社会主义核心价值观。坚持教育引导、实践养成、制度保障三管齐下，推动社会主义核心价值观落细落小落实，融入文明公约、村规民约、家规家训。与此同时，2019年8月，中共中央印发《中国共产党农村工作条例》，提出要培育和践行社会主义核心价值观，在农民群众中深入开展中国特色社会主义、习近平新时代中国特色社会主义思想宣传教育，建好用好新时代文明实践中心。加强农村思想道德建设，传承发展提升农村优秀传统文化，推进移风易俗。加强农村思想政治工作，广泛开展民主法治教育。深入开展农村群众性精神文明创建活动，丰富农民精神文化生活，提高农民科学文化素质和乡村社会文明程度。2019年12月，中共中央宣传部等 17 个部门联合印发《推进乡村文化振兴工作方案》，提出通过深化乡村思想道德建设、保护传承发展乡村优秀传统文化、提升乡村公共文化服务效能、丰富乡村文化生活、繁荣乡村文化经济等措施，全力促进乡村文化繁荣兴盛。

**2. 加快推进文体设施建设**

2019 年中央 1 号文件提出，支持建设文化礼堂、文化广场等设施，培育特色文化村镇、村寨。截至 2019 年底，超过 80％的县实行了文化馆、图书馆总分馆制，55.42 万个村、9.5 万个社区建成村（社区）综合文化服务中心，展示传播新时代优秀乡村文化的阵地更加完善。"乡村春晚"覆盖全国所有省份，共 227 个县、49 607 个村开展相关活动，"乡村春晚"网络联动吸引 3 078.7 万人次在线观看。农村体育基础设施建设进一步完善，2019 年继续在全国行政村建设"一场两台"（一个篮球场、两张乒乓球台）等体育设施，现在已覆盖全国约 96％的行政村。同时，进一步发掘农业文化遗产，多措并举继续推进中国传统村落保护工作。

**3. 完善公共文化服务体系**

完善的公共文化服务体系是满足农民群众日益增长的美好生活需要的重要保障。2019 年 1 月，国家发展改革委等 18 个部门印发《加大力度推动社会领域公共服务补短板强弱项提质量　促进形成强大国内市场的行动方案》（发改社会〔2019〕0160 号），提出要推动基本公共文化服务均等化，并要求"推动落实国家基本公共文化服务指导标准和省级实施标准，以县为单位实施。推动重点文化惠民工程资源整合和改革创新，加强广播电视传输覆盖等基础设施建设，推进数字广播电视户户通和应急广播体系建设，强化数字文化服务和流动文化服务，不断提高文化惠民工程的覆盖面和实施效果。"2019 年 5 月，中共中央办公厅、国务院办公厅印发《数字乡村发展战略纲要》，提出要推进乡村优秀文化资源数字化，建立历史文化名镇、名村和传统村落"数字文物资源库""数字博物馆"，加强农村优秀传统文化的保护与传承。以"互联网＋中华文明"行动计划为抓手，推进文物数字资源进乡村。开展重要农业文化遗产网络展览，大力宣传中华优秀农耕文化。2019年4月，《中共中央、国务院关于建立健全城乡融合发展体制机制和政策体系的意见》针对健全城乡公共文化服务体系，要求统筹城乡公共文化设施布局、服务提供、队伍建设，推动文化资源重点向乡村倾斜，提高服务的覆盖面和适用性；支持乡村民间文化团体开展符合乡村特点的文化活动；推动公共文化服务社会化发展，鼓励社会力量参与。

**专栏四**

### 中国传统村落数字博物馆

2012年，住房和城乡建设部会同原文化部、国家文物局、财政部、原国土资源部、原农业部、原国家旅游局等部门开展传统村落调查挖掘工作，先后分4批将4 153个具有重要保护价值的村落列入中国传统村落名录。自2013年起，每年中央1号文件均提出传统村落保护要求。2017年，中共中央办公厅、国务院办公厅印发《关于实施中华优秀传统文化传承发展工程的意见》，将中国传统村落保护工程列为主要项目之一，并提出积极推动传统村落数字化工作。

几年来，传统村落保护工作取得一定成效，完成了数字博物馆一期开发建设任务和165个村落建馆工作。大量传统村落被纳入有效保护范围，建立了传统村落保护名录制度，扭转了传统村落快速消失的局面。大量濒危遗产得到了抢救性保护，村落生产生活条件得到明显改善，很多传统村落成为美丽乡村的代表，农民收入明显提高。中国传统村落已经成为世界上最大的农耕文明遗产保护群。

中国传统村落数字博物馆集中展现了优秀中国传统村落丰富的文化遗产和孕育的农耕文明，向世界宣讲中国传统村落的故事，突出展现中华文化独一无二的理念、智慧、气度、神韵，增添中华民族内心深处的自信和自豪，增强国家文化软实力。同时，中国传统村落数字博物馆对提高村落地位、扩大村落影响、推动村落保护发展具有重要作用。

### 4. 弘扬传承乡村优秀文化

乡村是"根"，文化是"魂"，传承和发展乡村优秀文化是实施乡村振兴战略的重要任务。2019年6月，中共中央办公厅、国务院办公厅印发《关于加强和改进乡村治理的指导意见》，提出要加强农村文化引领。加强基层文化产品供给、文化阵地建设、文化活动开展和文化人才培养。传承发展提升农村优秀传统文化，加强传统村落保护。结合传统节日、民间特色节庆、农民丰收节等，因地制宜广泛开展乡村文化体育活动。2019年9月，中央农办等11个部门联合印发《关于进一步推进移风易俗建设文明乡风的指导意见》（中农发〔2019〕19号），对当前和今后一个时期的文明乡风建设工作作出了全面的部署安排。文件明确要求，"丰富农村地区公共文化产品和服务供给，繁荣相关文艺作品创作。支持以树立正确婚丧观和弘扬中华孝道为主要内容的各类演出活动，规范文艺演出参与婚庆和丧事活动。把弘扬正确婚丧观和中华孝道列为文化下乡活动的重要内容，采取群众喜闻乐见、具有地方特色的形式，培育熏染农民群众道德情操。加强对历史遗迹、革命遗迹、传统村落、传统建筑等历史文化遗产的保护，努力保存文化传承的载体和环境。结合农村实际，推动中国特色社会主义文化融入农村社会思想道德教育、文化知识教育和社会实践各环节。"

## （六）扎实推进农村人居环境整治

党中央、国务院高度重视改善农村人居环境。2019 年是农村人居环境整治工作由点到面推开的关键之年。在党中央、国务院领导下，各地紧紧围绕《农村人居环境整治三年行动方案》目标任务，扎实推进村庄清洁行动、农村厕所革命、生活垃圾治理、生活污水治理等重点任务，农村人居环境整治全面推开。

### 1. 加强制度建设

2019 年 3 月，中共中央办公厅、国务院办公厅转发《中央农办、农业农村部、国家发展改革委关于深入学习浙江"千村示范、万村整治"工程经验 扎实推进农村人居环境整治工作的报告》，要求广泛开展深入学习浙江"千万工程"经验，扎实推进农村人居环境整治活动。2019 年 7 月，中央农办等 7 个部门印发《关于切实提高农村改厕工作质量的通知》（中农发〔2019〕15 号），要求各地严把农村改厕质量领导挂帅、分类指导、群众发动、工作组织、技术模式、产品质量、施工质量、竣工验收、维修服务、粪污收集利用等"十关"，强调统筹考虑农村生活污水治理和厕所革命，具备条件的地区一体化推进、同步设计、同步建设、同步运营。中央农办等 9 个部门印发《关于推进农村生活污水治理的意见》（中农发〔2019〕14 号），明确提出以县域为单位编制农村生活污水治理规划或方案，完善建设和管护机制，鼓励专业化、市场化建设和运行管理。2019 年 10 月，住房和城乡建设部印发《关于建立健全农村生活垃圾收集、转运和处置体系的指导意见》（建村规〔2019〕8 号），要求进一步建立健全收运处置体系，推动农村环境卫生改善，并力争到 2020 年底，东部地区以及中西部城市近郊区等有基础、有条件的地区，基本实现收运处置体系覆盖所有行政村、90%以上自然村组；中西部有较好基础、基本具备条件的地区，力争实现收运处置体系覆盖 90%以上行政村及规模较大的自然村组；地处偏远、经济欠发达地区可根据实际情况确定工作目标。中华全国供销合作总社印发《关于参与农村人居环境整治的行动方案》，指导全系统发挥供销合作社再生资源回收利用网络的传统优势，大力推进与环卫清运网络"两网融合"，努力构建符合当地实际、方式多样的农村生活垃圾回收利用体系。

**专栏五**

### 广泛开展村庄清洁行动

2018年底，中央农办、农业农村部等18个部委联合印发《农村人居环境整治村庄清洁行动方案》，提出发动农民群众力量，开展"三清一改"（清理农村生活垃圾、清理村内塘沟、清理畜禽养殖粪污等农业生产废弃物、改变影响农村人居环境的不良习惯），集中整治村庄环境脏乱差问题。

2019年，中央农办、农业农村部采取有效措施，广泛开展村庄清洁行动，促进农村人居环境整治向面上推开。一是加强领导，压实责任。积极推动落实五级书记抓乡村振兴的要求，通过视频会、文件等方式多次强调省级党委政府要把村庄清洁行动作为农村人居环境整治的基础性工程，提供政策保障、加大投入力度、做好监督考核，压实压紧市县主体责任特别是党政主要负责同志第一责任。二是全面部署，压茬推进。针对不同的气候条件、生产状况、环境特点等，连续组织村庄清洁行动春节、春季、夏季、秋季、冬季等战役，分阶段分季节进行动员部署，一个战役接着一个战役打，先易后难、持续推进。三是宣传引导，示范带动。通过各级媒体及新媒体，采取印送主题春联和宣传标语、编发简报、开展美丽村庄记者行等形式，以及开展卫生庭院创建、积分兑换等活动，调动农民群众参与积极性，持续推动村庄清洁行动见行见效。在2019年中国农民丰收节期间举办"千村万寨展新颜"活动，遴选550个清洁行动成效明显的村庄在媒体集中展示。四是强化督导，推动落实。通过督促检查、考核激励、问题投诉等方式，及时发现整改问题，力争把问题解决在基层、解决在萌芽状态。将村庄清洁行动实施情况作为农村人居环境整治激励县遴选的重要指标，纳入国务院农村人居环境整治大检查的重点内容。

据不完全统计，2019年全国90%以上的村庄开展了清洁行动，先后动员近3亿人次参与，一大批村庄村容村貌得到明显改善。村庄清洁行动成为农村人居环境整治迅速由点到面推开的重要抓手，成为发动农民群众和社会力量参与农村人居环境整治的有效载体，成为增强基层农村人居环境整治工作信心决心的有力手段。

### 2. 强化技术支撑

改善农村人居环境是一项十分复杂的系统性工程，必须长期坚持，攻克重点专项任务，并调动各方力量和资源共同推进。2019年1月，科技部组织编制了《创新驱动乡村振兴发展专项规划（2018—2022年）》（国科发农〔2019〕15号），提出要以科技支撑农业高质量发展，农村人居环境明显改善。推动实施绿色宜居村镇技术创新。重点开展饮用水水质提升、污水处理、生活垃圾处理、村镇规划、生态景观营造、宜居住宅、生态建筑材料、清洁能源等农村人居环境整治关键技术研究与集成示范，提升村镇环境质量，推动村镇生态、生活、生产融合发展，促进绿色宜居村镇建设。2019年，国家林业和草原局印发《乡村绿化美化行动方案》《村庄绿化状况调查技术方案》（林生发〔2019〕33号）等系列方案，明确总体要求、目标任务和推进措施，提出到 2020 年建成 20 000 个特色鲜明、美丽宜居的国家森林乡村和一批地方森林乡村，建设一批全国乡村绿化美化示范县。国家卫生健康委将城乡环境卫生作为卫生城镇创建重要内容，对《国家卫生城镇标准》《国家卫生城镇评审和管理办法》进行了修订。生态环境部印发《农村生活污水处理设施水污染物排放控制规范编制工作指南（试行）》，指导各地科学合理确定指标和排放限值。目前全国已有 25 个省份颁布地方农村生活污水排放标准。

**3. 加大政策支持力度**

完善的政策支持是开展农村人居环境整治的有效保障。2019年中央 1 号文件提出，调整完善土地出让收入使用范围，提高农业农村投入比例，重点用于农村人居环境整治、村庄基础设施建设。公共财政更大力度向"三农"倾斜，县域新增贷款主要用于支持乡村振兴。地方政府债券资金要安排一定比例用于支持农村人居环境整治、村庄基础设施建设等重点领域。2019 年 1 月，中央农村工作领导小组办公室、农业农村部印发《关于做好 2019 年农业农村工作的实施意见》（中农发〔2019〕1 号）指出，要推动建立地方为主、中央补助的政府投入机制，中央财政对农村厕所革命整村推进等给予补助，对农村人居环境整治先进县给予奖励。国家发展改革委印发《关于报送 2019 年农村人居环境整治专项中央预算内投资建议计划的通知》（发改办农经〔2019〕322 号），在中央预算内投资中增设专项，安排 30 亿元支持中西部省份开展农村生活垃圾、生活污水、厕所粪污治理和村容村貌提升等基础设施建设。

2019 年 3 月，中国银保监会办公厅印发《关于做好 2019 年银行业保险业服务乡村振兴和助力脱贫攻坚工作的通知》（银保监办发〔2019〕38 号）提出，要以农村金融助力美丽乡村建设，进一步加大对交通设施、电网、通信、物流等领域的中长期信贷支持。

2019 年 4 月，财政部和农业农村部联合印发《关于开展农村"厕所革命"整村推进财政奖补工作的通知》（财农〔2019〕19 号）提出，从 2019 年起，组织开展农村"厕所革命"整村推进财政奖补工作。由中央财政安排资金，按照"整村推进、逐步覆盖；农民主体、政府引导；地方为主、中央支持；区域统筹、差别补助"的原则，用 5 年左右时间，以奖补方式支持和引导各地推动有条件的农村普及卫生厕所，实现厕所粪污基本得到处理和资源化利用，切实改善农村人居环境。2019 年 4 月，财政部和住建部印发《关于加强农村危房改造资金使用管理 助力全面完成脱贫攻坚任务的通知》（财社〔2019〕53 号）提出，切实落实农村危房改造资金保障责任，着力加大对深度贫困地区和特困农户农村危房改造的倾斜支持，不断加强农村危房改造资金规范管理。

**4. 强化建设和管护机制**

2019 年，国家发展改革委制定《2019 年农村人居环境整治专项中央预算内投资安排工作方案》，并安排中央预算内投资 30 亿元，明确提出"先建机制、再建工程"，并鼓励有条件的地区健全完善财政补贴和农户付费合理分担机制，切实建立起有制度、有标准、有队伍、有经费、有督查的村庄人居环境管护机制。2019 年 10 月，国家发展改革委会同财政部印发《关于深化农村公共基础设施管护体制改革的指导意见》（发改农经〔2019〕1645 号），从明确各方管护责任、健全分类管护机制、建立配套管护制度、优化多元经费保障机制等方面提出解决措施。

2019 年 4 月，中央农办、农业农村部印发《关于做好农村"厕所革命"整村推进财政奖补政策组织实施工作的通知》（中农发〔2019〕10 号），提出要采取多种形式加强后续管理服务，统筹考虑建成厕所的运行维护和粪污资源化利用问题，多渠道解决运维资金，创新服务方式，加强技术和服务队伍建设，确保有人管、有钱维护，让农民群众用得满意、用得放心。2019 年 10 月，住房和城乡建设部印发《关于建立健全农村生活垃圾收集、转运和处置体系的指导意见》（建村规〔2019〕8号），要求建立运行管护队伍，鼓励采用政府和社会资本合作等方式，引导社会资本参与设施建设和管护，有条件的地区可探索建立城乡环卫一体化的体制机制，制定收运处置设施管护标准，明确各环节管护责任主体，建立农民群众普遍参与的管护效果评价机制。

**专栏六**

## 扎实推进农村厕所革命

小康不小康，厕所算一桩。农村厕所革命是全面建成小康社会的硬任务，是实施乡村振兴战略的一场硬仗，关系亿万农民群众生活品质，体现现代文明水平。习近平总书记多次作出重要指示批示，强调厕所问题不是小事情，一定要把好事办好。2018年《农村人居环境整治三年行动方案》实施以来，农业农村部深入贯彻习近平总书记重要指示批示精神，全面落实党中央、国务院决策部署，坚持好字当头、质量优先、分类施策、注重实效，扎实推进农村厕所革命，确保好事办好、群众满意。

在工作推进中突出"六个强化"。一是强化分类指导。对照《农村人居环境整治三年行动方案》，组织各省份以县为单位分类推进农村户厕改造，优先推进一类县、稳步推进二类县、指导三类县开展试点示范。二是强化工作部署。组织召开全国农村人居环境整治暨厕所革命现场会、推进农村厕所革命视频会等进行部署。会同卫生健康委等部门制定印发《关于切实提高农村改厕工作质量的通知》，加强对地方工作的指导。三是强化资金扶持。2019年会同财政部组织实施农村厕所革

命整村推进奖补政策，中央财政安排资金 70 亿元支持和引导
各地推动有条件的农村普及卫生厕所。会同发展改革委安排中
央预算内投资 30 亿元，支持中西部地区以县为单位推进农村
厕所粪污治理等人居环境整治。会同财政部组织实施农村人居
环境整治激励措施，对农村改厕等人居环境整治成效明显的
19 个县（市、区）各给予 2000 万元激励支持。四是强化技术
服务。强化试点示范，积极探索适合不同区域的改厕技术模
式。组织专家开展现场技术服务，举办新技术新产品展示交流
活动、技术产品创新大赛、技术论坛等，启动编制农村户厕建
设有关标准规范。编印出版《农村改厕实用技术》。五是强化
督促检查。2019 年年底配合国办督查室组织国务院农村人居
环境整治大检查，聚焦农村厕所革命等重点任务，赴东中部
14 个省（市）实地检查。组织开展农村改厕问题大排查，通
过设立投诉电话、随手拍等方式建立健全农村改厕等问题反映
和督促整改机制，努力把问题解决在基层、解决在萌芽状态。
六是强化宣传发动。通过传统媒体、新媒体，采取简报、公益
宣传片、宣传画等多种方式，广泛宣传各地区各部门推进农村
厕所革命的经验做法，遴选推进 9 个农村厕所革命典型范例，
调动农民改厕积极性，培养健康文明生活方式。截至 2019 年
底，全国农村卫生厕所普及率超过 60%，其中北京、江苏、
福建、广东农村无害化卫生厕所普及率已超过 95%。

### 5. 加强村庄规划管理

2019 年 1 月，中央农办、农业农村部等 5 部门印发《关于统
筹推进村庄规划工作的指导意见》（农规发〔2019〕1 号），指导各
地有序推进多规合一的实用性村庄规划编制，推动各地加强村庄规
划工作领导，科学有序引导村庄规划建设。2019 年 5 月，中共中

央、国务院印发《关于建立国土空间规划体系并监督实施的若干意见》，明确村庄规划在国土空间规划体系中的地位。2019 年 5 月，自然资源部办公厅印发《关于加强村庄规划促进乡村振兴的指导意见》（自然资办发〔2019〕35 号），指导各地推进多规合一的实用性村庄规划，编制村庄规划工作范例。截至 2019 年底，全国有 16 个省（区、市）已正式印发村庄规划编制技术规范，共开展村庄规划试点 6 200 多个。

## 二、农村社会事业发展的主要成效

全面建成小康社会，短板弱项在"三农"，最突出地体现在基础设施和公共服务等农村社会事业方面。2019 年，国家加大投入力度，不断健全完善农村基本公共服务供给制度，农村基础设施建设和社会事业加快发展。农村人居环境持续改善，乡镇和建制村基本全面实现道路硬化，城乡义务教育均衡发展加快推进，基层医疗服务体系不断完善，多层次农村养老服务体系加快形成，乡村文化日趋繁荣，农民生产生活条件明显改善。

### （一）教育事业加快发展，基本公共教育均等化总体实现

优先发展农村教育事业，是推进教育公平、保障学有所教、办好人民满意教育的关键环节，也是乡村振兴的重要基础。2019 年 4 月，习近平总书记在重庆视察时强调，乡村振兴和可持续发展的关键在教育，要保持教师队伍稳定，乡村的孩子不能输在起跑线上。我国到 2020 年全面建成小康社会、基本实现教育现代化，薄弱环节和短板在乡村，在中西部老少边穷岛等边远贫困地区。2019 年，国家继续实施"全面改薄""乡村教师支持计划"等政策措施，促进公共教育资源向农村倾斜，推进城乡基本公共教育服务均等化，

城乡教育差距进一步缩小。农村学校办学条件显著改善，农村教师队伍素质稳步提升，农村学生入学机会稳步提高。

**1. 加快补齐农村学前教育短板**

办好学前教育、实现幼有所育，是党的十九大作出的重大决策部署。加快补齐农村学前教育短板，是党和政府为老百姓办实事的重大民生工程。2019 年，中央财政将学前教育专项资金从 2018 年的 150 亿元提高到 168.5 亿元。与此同时，国家发改委、教育部联合启动实施优质普惠性学前教育资源扩容建设工程，2019 年安排专项资金 10 亿元，集中支持 11 个省（区、市）开展试点，扩大普惠性学前教育资源。

幼儿园数量持续增长，教育环境进一步改善，农村学前教育资源进一步扩大。截至 2019 年，农村幼儿园总数达到了 9.86 万所，比上年增加 4.93%；农村幼儿园占地约 1.92 亿平方米，比上年增长 6.21%；共有图书 7 660 万册，比上年增长约 8%；农村幼儿园园长数量达到 7.51 万人，比上年增长 1.73%，其中，本科以上学历占比增加 2.6%；农村幼儿园专任教师数量达到 44.84 万人，比上年增长 5.36%，其中，本科以上学历占比增加 1.48%（图 1-1、图 1-2）。

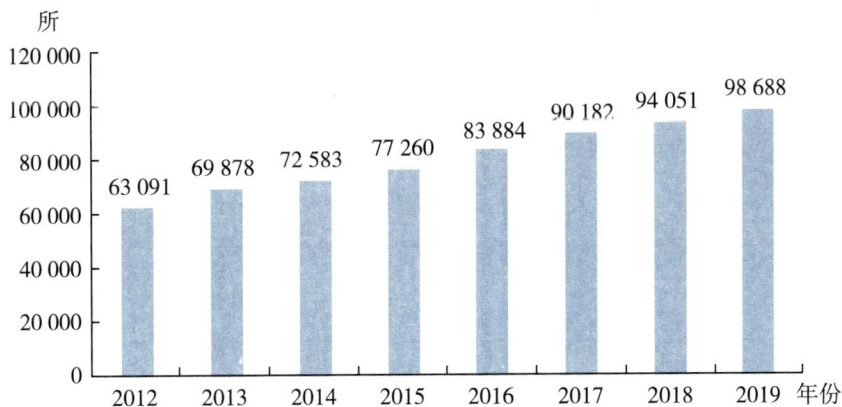

图 1-1　2012—2019 年农村幼儿园数量

数据来源：中国教育统计年鉴。

万人

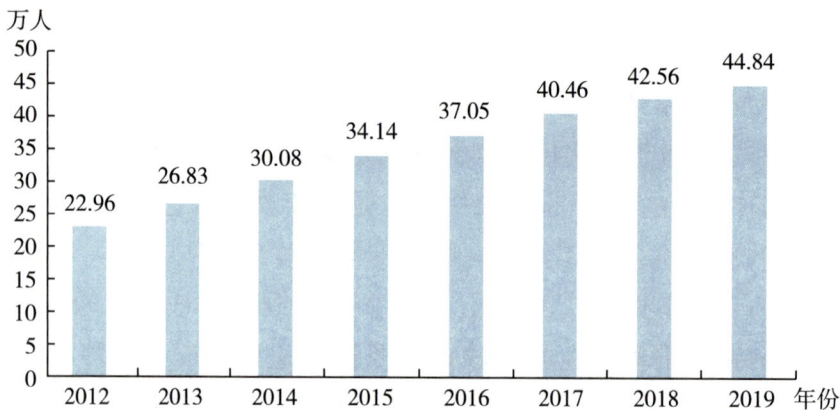

图 1-2 2012—2019 年农村幼儿园专任教师数

数据来源：中国教育统计年鉴。

师资队伍建设进一步加强。2019 年，中央财政下达中小学幼儿园教师国家级培训计划专项资金 19.85 亿元，继续支持中西部省份通过脱产研修、送教下乡培训、网络研修、访名校培训等方式，加强乡村中小学幼儿园教师培训（表 1-1、表 1-2）。

表 1-1 2018—2019 年农村地区幼儿园办学情况（一）

| 年份 | 幼儿园总数 | 幼儿园班级数 | 占地面积（亿平方米） |
|---|---|---|---|
| 2018 | 94 051 | 453 134 | 1.803 |
| 2019 | 98 688 | 444 688 | 1.915 |
| 增长率 | 4.93% | −1.86% | 6.21% |

数据来源：教育部统计数据。

表 1-2 2018—2019 农村地区幼儿园办学情况（二）

| 年份 | 园长 | | 专任教师 | |
|---|---|---|---|---|
| | 总数（人） | 本科以上比例 | 总数（人） | 本科以上比例 |
| 2018 | 73 836 | 26.22% | 425 616 | 14.25% |
| 2019 | 75 112 | 28.82% | 448 416 | 15.73% |
| 增长 | 1.73% | 2.60% | 5.36% | 1.48% |

数据来源：教育部统计数据。

## 2. 农村义务教育质量水平明显提高

保障适龄儿童少年享受义务教育，是政府的法定责任，是基本公共服务的重要内容。2019 年，国家进一步优化教育资源配置，改善基本教学条件，农村义务教育水平明显提高，城乡义务教育一体化加快推进。

教师资源优化配置，师生比例进一步提高。2019 年，农村义务教育阶段专任教师 238.4 万人，其中，小学教师 182.6 万人，比 2018 年提高约 6%；初中教师 55.8 万人，比 2018 年下降约 0.9%。随着农村适龄学生数量不断下降，专任教师数量也随之减少，但在年龄结构和生师比等方面则呈现不断优化的趋势。从年龄结构看，25～30 岁的教师 40.6 万人，比 2018 年提高约 0.6%；生师比方面，农村义务教育阶段生师比持续下降，2019 年降至 14.8。特岗计划教师招聘规模提前一年达到 10 万人，乡村教师队伍质量水平显著提升（图 1-3）。

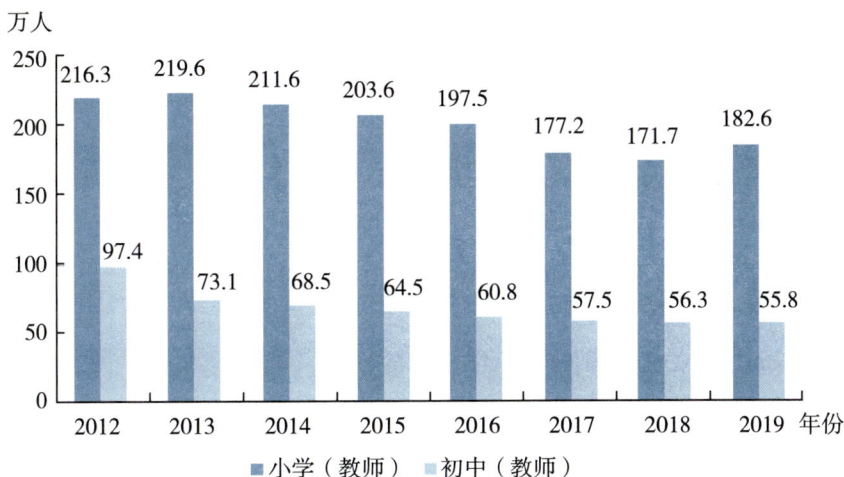

图 1-3　2012—2019 年农村义务教育阶段专任教师数

数据来源：中国农村统计年鉴。

办学条件进一步改善，教育信息化程度显著提高。全面改善贫困地区义务教育薄弱学校办学条件，累计安排 1 345 亿元推动各地完成了"全面改薄"规划任务，全国新建改扩建校舍 2.6 亿平方米，室外运动场地 2.5 亿平方米，购置学生课桌椅 3 503 万套，图书 6.36 亿册，教学仪器设备 3.83 亿件套。大力推进乡镇寄宿制学校建设，确保足够学位供给，截至 2019 年底，全国大班额总比例降至 3.98%，超大班额降至 0.24%，分别比 2016 年降低了 8.37、3.76 个百分点。2019 年农村地区小学教室面积减少 1.1%、图书馆面积增加 1.15%，体育馆面积增加 8.66%，学生宿舍面积增加 4.35%，食堂面积增加 2.46%，厕所面积增加 0.40%。农村地区初中教室面积增加 1%、图书馆面积增加 2.97%，体育馆面积增加 11.76%，学生宿舍面积增加 2.88%，食堂面积增加 2.14%，厕所面积增加 3.67%。农村小学互联网接入率为 98.04%，比上年提高 0.96%；体育运动场（馆）面积达标率 90.65%，比上年提高 2.25%。初中学校互联网接入率为 99.30%，比上年提高 0.23%；体育运动场（馆）面积达标率 94.67%，比上年提高 1.94%。农村教育硬件设备和办学条件进一步改善，为农村义务教育发展提供了有力支撑（图 1-4）。

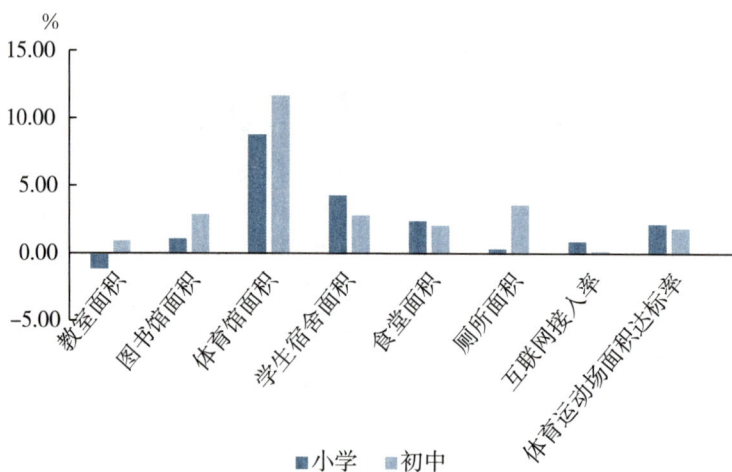

图 1-4　2019 年农村义务教育基础设施增长率

数据来源：中国农村统计年鉴。

控辍保学工作取得重大进展。2019 年教育部等相关部门将农村控辍保学工作作为重要政治任务抓紧落实。5月底专门召开了全国控辍保学暨农村学校建设工作现场推进会，对控辍保学工作进行全面动员部署。7月底国务院召开了全国基础教育工作会议，对控辍保学工作提出明确要求。8月初教育部对18个辍学人数较多省份控辍保学工作提出具体要求。10月底，国务院教育督导委员会派出调查组，赴江苏、河南、湖北、广东、广西、青海6个省份开展省级人民政府履行教育职责专项督导，将履行控辍保学职责作为重点内容。11月中下旬，教育部组织赴四川、贵州、湖南、宁夏等4个省份开展摸底调研，通过进校入户、明察暗访等形式，抽查核实工作台账数据和劝返复学情况。截至2019年11月，全国832个国家级贫困县义务教育阶段辍学学生人数已由台账建立之初的29万减少至2.3万，其中建档立卡家庭贫困学生人数由15万减少至0.6万，为2020年全面实现义务教育有保障奠定坚实基础。

城乡义务教育均衡发展加快推进。推进义务教育均衡发展，是继"两基"攻坚以后一项重大教育民生决策，是写入《义务教育法》的重大教育目标。2019年，全国共有7个省份、69个县（市、区）通过义务教育基本均衡发展国家督导评估认定。全国共23个省份整体通过县域义务教育基本均衡发展国家督导评估认定，占71.9%；累计2 767个县（含市、区及实施义务教育的其他县级行政区划单位，统称县）通过义务教育基本均衡发展国家督导评估认定，占95.32%。2019年，国务院教育督导办组织对2013—2018年通过认定的2 708个县进行了年度监测复查，同时在对7省份进行督导评估时，抽取部分县进行实地复查。结果显示，绝大多数县义务教育基本均衡发展态势向好，99.2%的县小学和初中校际综合差异系数保持在标准值之内。与2018年相比，2 708个县的小学初中教学及辅助用房面积、体育运动场馆面积、教学仪器设备总值、专任教师数、高于规定学历教师数，均有不同幅度的增长。2019年10月，国务院教育督导委员会办公室启动了县域义务教育优质均衡发展督导评估认定工作，开启了由基本均衡向优质均衡迈进的新篇章（表1-3至表1-6）。

### 表1-3　农村小学学校基础设施情况

单位：平方米

| 年份 | 教室 | 图书室 | 体育馆 | 学生宿舍 | 食堂 | 厕所 |
|---|---|---|---|---|---|---|
| 2018 | 11 986.38 | 934.40 | 96.33 | 1 882.38 | 1 778.01 | 1 281.51 |
| 2019 | 11 854.15 | 948.54 | 104.67 | 1 964.35 | 1 821.84 | 1 286.60 |
| 增幅 | −1.1% | 101.51% | 108.66% | 104.35% | 102.46% | 100.40% |

数据来源：教育部统计数据。

### 表1-4　农村初中学校基础设施情况

单位：平方米

| 年份 | 教室 | 图书室 | 体育馆 | 学生宿舍 | 食堂 | 厕所 |
|---|---|---|---|---|---|---|
| 2018 | 3 077.73 | 263.26 | 80.47 | 2 443.79 | 1 020.70 | 345.83 |
| 2019 | 3 108.54 | 271.08 | 89.94 | 2 514.17 | 1 042.50 | 358.54 |
| 增幅 | 1% | 2.97% | 11.76% | 2.88% | 2.13% | 3.67% |

数据来源：教育部统计数据。

### 表1-5　农村小学学校办学情况

单位：%

| 年份 | 互联网接入率 | 体育运动场（馆）面积达标率 | 师生比 |
|---|---|---|---|
| 2018 | 97.08 | 88.41 | 6.44 |
| 2019 | 98.04 | 90.65 | 7.14 |
| 增幅 | 0.96 | 2.25 | 0.70 |

数据来源：教育部统计数据。

### 表1-6　农村初中学校办学情况

单位：%

| 年份 | 互联网接入率 | 体育运动场（馆）面积达标率 | 师生比 |
|---|---|---|---|
| 2018 | 99.07 | 92.73 | 8.69 |
| 2019 | 99.30 | 94.67 | 8.58 |
| 增幅 | 0.23 | 1.94 | −0.10 |

数据来源：教育部统计数据。

## 专栏七

### 银龄讲学计划

　　2018年7月，教育部、财政部研究制定《银龄讲学计划实施方案》，面向社会公开招募一批优秀退休校长、教研员、特级教师、高级教师等到农村义务教育学校讲学，发挥优秀退休教师引领示范作用，促进城乡义务教育均衡发展。2018—2019学年，河北、江西、湖南、广西、四川、云南、甘肃、青海等8省份发布了招募公告，共招募到1 800名"银龄讲学计划"讲师。在上一年的工作基础上，2019—2020学年又增加了吉林、湖北、重庆、陕西、宁夏、新疆和新疆生产建设兵团。2020年7月2日，湖南计划在2020—2021学年招募350名左右退休讲学教师，让年龄不超过65岁、身体健康、教育教学经验丰富的退休教师更好地发挥余热，提高农村教育质量。

　　实施"银龄讲学计划"，是打赢脱贫攻坚战的战略之需。"银龄讲学计划"重点面向"三区三州"等深度贫困地区。优秀教师短缺问题是贫困地区教育中最突出的问题，虽然有免费师范生等政策，但很多年轻教师宁愿交违约金也不到贫困地区去，即使到了贫困地区的农村学校，签约年限一到即会离开，安不下心、扎不下根。阻止贫困现象代际传递，根本靠教育，关键靠教师。实施"银龄讲学计划"，能够缓解贫困地区学校优秀教师总量不足的问题，同时发挥优秀退休教师的引领示范作用，为贫困地区学校提供智力支持，为打赢脱贫攻坚战奠定扎实基础。

　　实施"银龄讲学计划"，是助力农村教育发展的现实之需。"银龄讲学计划"面向社会公开招募一批优秀退休校长、教研员、特级教师、高级教师等到农村义务教育学校讲学。党的十九大以来，中西部地区农村教育有了长足发展，但农村教育依然是我国教育事业发展的短板。当前城乡教育发展不均衡，特别是在城镇化进程加速推进、二孩政策全面实施的大背景下，农村学校教师结构性缺编问题依然突出。实施"银龄讲学计划"，增加农村教师补充渠道，对于加强农村教师队伍建设、提高农村学校办学水平，让农村的孩子能够享受公平而有质量的教育，具有特殊意义。

### 3. 农村职业教育稳步发展

农村职业教育肩负着为国家农业农村经济和社会发展培养高素质技术技能型人才的使命，在发展现代职业教育体系中具有重要基础性作用。国家高度重视发展农村职业教育，并取得了一系列成效。

职业教育免费和资助政策不断完善。2019 年 1 月，《国务院关于印发国家职业教育改革实施方案的通知》（国发〔2019〕4号）要求，健全国家职业教育制度框架，完善职业教育体系，为现代农业发展提供制度保障与人才支持。为落实党中央、国务院决策部署，财政部会同教育部实施了一系列政策措施。2019 年，中央财政支持职业教育安排资金 237 亿元，比 2018 年增加约 50亿元。同时，2019 年国家免学费和国家助学金资助政策主动向中等职业教育方面倾斜，对中等职业学校全日制学历教育正式学籍一、二、三年级在校生中所有农村（含县镇）学生、城市涉农专业学生和家庭经济困难学生免除学费；一、二年级在校涉农专业学生和非涉农专业家庭经济困难学生享受国家助学金。2019 年中央财政安排中等职业教育国家助学金和免学费补助资金 181.9亿元。

县域职业教育教学质量进一步提高。2019 年，教育部继续支持全国县级职教中心联盟开展活动，通过现场观摩、交流信息、邀请专家和县委书记、县长讲座等形式，推出先进经验和典型。这些活动对于明确县级职教中心和县域各类职业学校的定位，促进县域职业教育体制机制创新起了推动作用。同时，国家也适时开展相关职业技能培训。《2019 年度人力资源和社会保障事业发展统计公报》显示，2019 年全国共组织补贴性职业技能培训 1 877.1 万人次，主要涉及培训企业职工 646.9 万人次，培训农民工 741.4 万人次，培训贫困劳动力 259.7 万人次。

**4. 进城务工人员随迁子女教育继续改善**

进城务工人员随迁子女教育问题一直是社会关注的焦点问题之一。据国家统计局统计，截至 2019 年，我国农民工总数达到 2.9 亿。为切实保障进城务工人员随迁子女受教育权益，国家陆续出台各种政策措施，有力改善了随迁子女教育现状。

进城务工人员随迁子女就读率进一步提高。2019 年《全国教育事业发展统计公报》显示，义务教育阶段在校生中进城务工人员随迁子女有 1 426.96 万人，比上年度增长 2.92 万人，比 2013 年增长 149.8 万人。2013 年—2019 年义务教育阶段在校生中进城务工人员随迁子女的数量呈现平稳增长趋势。2019 年小学就读 1 042.03 万人，比 2013 年增长 111.18 万人；2019 年初中就读 384.93 万人，比 2013 年增长 38.62 万人。根据国家统计局《2019 中国农民工监测报告》，3～5 岁随迁儿童入园率（含学前班）为 85.8%，比上年提高 2.3 个百分点。义务教育年龄段随迁儿童的在校率为 99.5%，比上年提高 0.6 个百分点。其中，小学年龄段随迁儿童 83.4% 在公办学校就读，比上年提高 1.2 个百分点，初中年龄段随迁儿童 85.2% 在公办学校就读，比上年提高 1.1 个百分点（图 1-5）。

万人

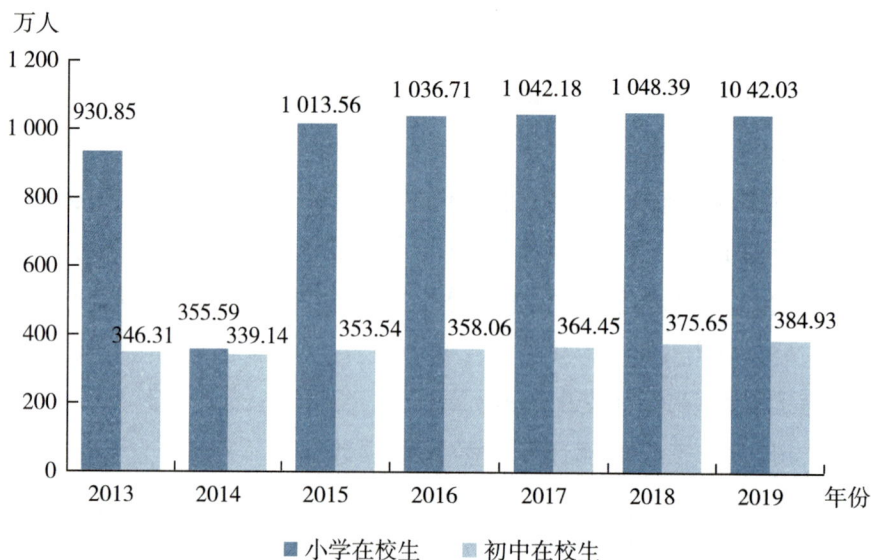

图 1-5 2013—2019 年义务教育阶段进城务工随迁子女在校生数

数据来源：教育部统计公报。

农民工随迁子女高中教育支持力度进一步加强。2019 年，中央财政下达普通高中免学杂费资金 17.69 亿元，普通高中国家助学金 67.85 亿元。符合条件的外来务工人员随迁子女在流入地均可享受到奖助学金、助学贷款、减免学费等政策。同时，加大政策力度，落实随迁子女异地高考工作。2019 年，在当地参加高考的随迁子女达到 22.4 万人，是 2013 年的 50 多倍。

## （二）医疗卫生事业加快推进，卫生条件持续改善

2019 年，国家继续加大农村医疗卫生事业投入，加快推进基层医疗卫生服务机构提档升级，筑好卫生与健康基础网络，提升医疗卫生人才队伍和医疗条件，农民健康水平不断提高。

### 1. 农村医疗卫生服务体系基本健全

农村医疗卫生服务体系作为一项重要的民生工程，关系到 5.5 亿农村居民的切身福利，发展优质、高效、经济、便捷的农村医疗

卫生服务，是解决广大农村群众看病就医问题的关键所在。

2019 年底，全国 1 881 个县（县级市）共设有县级医院 16 175 所，比 2018 年增加 4.5%；县级妇幼保健机构 1 903 所，与 2018 年基本持平；县级疾病预防控制中心 2 053 所，与 2018 年基本持平；县级卫生监督所 1 724 所，与 2018 年基本持平；四类县级卫生机构共有卫生人员 322.9 万人，比 2018 年增加 6.25%。全国 3.02 万个乡镇共设 3.6 万个乡镇卫生院，床位 137.0 万张，卫生人员 144.5 万人（其中卫生技术人员 123.2 万人）。与上年比较，乡镇卫生院减少 349 个（乡镇撤并后卫生院合并），床位增加 3.6 万张，人员增加 5.4 万人。每个乡镇拥有的乡镇卫生院数量由 2012 年的 1.12 个增加至 2018 年的 1.16 个，比 2012 年增加了 3.6%。2019 年，每千农村人口乡镇卫生院床位达 1.48 张，每千农村人口乡镇卫生院人员达 1.56 人，延续了自 2016 年以来稳步提升的趋势（图 1-6 至 1-8）。

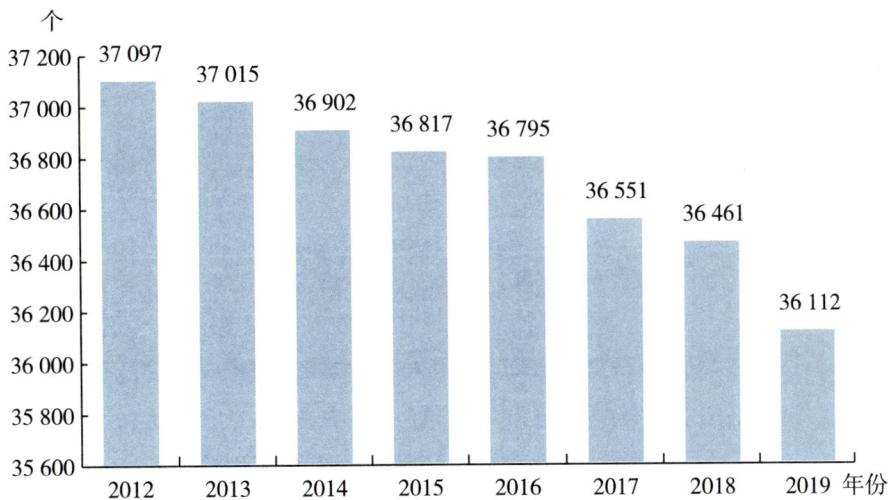

图 1-6  2012—2019 年我国乡镇卫生院数量

数据来源：中国卫生健康统计年鉴。

万张

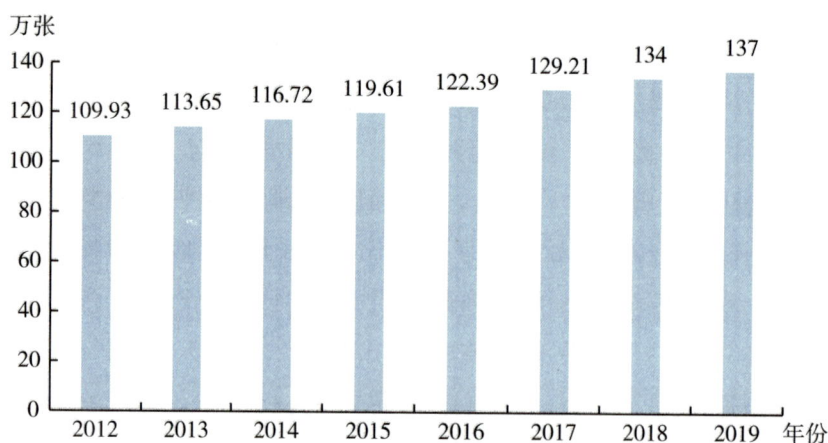

图 1-7　2012—2019 年我国乡镇卫生院床位数

数据来源：中国卫生健康统计年鉴。

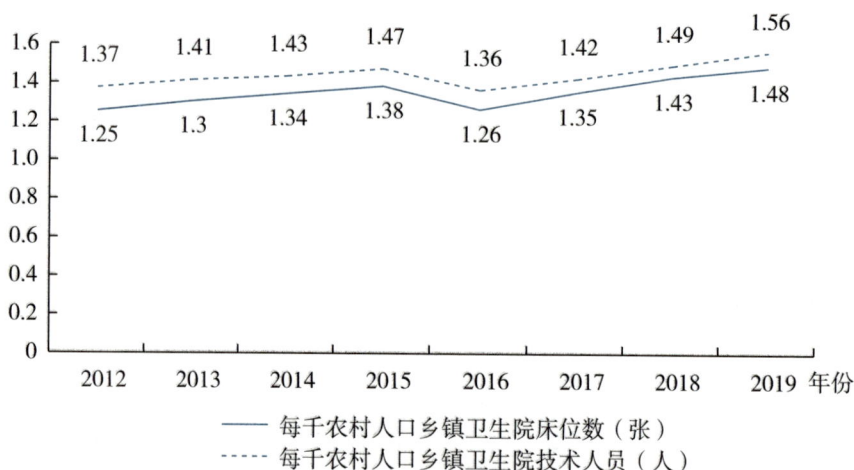

——　每千农村人口乡镇卫生院床位数（张）
------　每千农村人口乡镇卫生院技术人员（人）

图 1-8　每千农村人口乡镇卫生院床位数与技术人员数

数据来源：中国卫生健康统计年鉴。

2019 年末，提供中医服务的社区卫生服务中心占同类机构的98.3%，社区卫生服务站占 85.9%，乡镇卫生院占 97.1%，村卫生室占 71.3%，有效补充了农村疾病防治体系（表1-7）。

表 1-7　2013—2019 年提供中医服务的基层医疗卫生机构
　　　　占同类机构的比重

单位：%

| 年份 | 2013 | 2014 | 2015 | 2016 | 2017 | 2018 | 2019 |
|---|---|---|---|---|---|---|---|
| 乡镇卫生院 | 63.6 | 64.9 | 93 | 94.3 | 96 | 97 | 97.1 |
| 村卫生室 | 33.6 | 34.4 | 60.3 | 62.8 | 66.4 | 69 | 71.3 |

数据来源：卫生事业发展统计公报。

### 2. 农村医疗卫生服务效果显著改善

国家持续加大对农村医疗服务的投入，不断充实农村医疗人才队伍，农村医疗服务能力不断提升。

农村医疗人才队伍进一步优化。2019 年底，全国 53.3 万个行政村共设 62.1 万个村卫生室（图 1-9）。农村卫生队伍不断壮大，乡镇卫生院人员达 144.5 万人，村卫生室人员达 144.6 万人，其中：执业（助理）医师 43.5 万人、注册护士 16.8 万人，乡村医生和卫生员 84.2 万人，比 2018 年 90.7 万人减少 7%，平均每村卫生室人员 2.35 人。与 2018 年比较，村卫生室数减少 0.6 万个，人员总数有所减少。与我国村庄合并的趋势相一致。2012—2018 年，

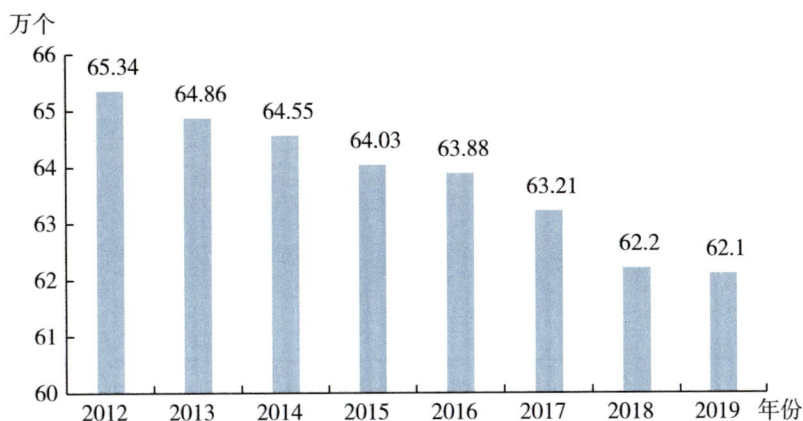

万个

65.34　64.86　64.55　64.03　63.88　63.21　62.2　62.1

2012　2013　2014　2015　2016　2017　2018　2019　年份

图 1-9　2012—2019 年全国农村卫生室数量

数据来源：国家统计局。

我国每万人拥有农村执业（助理）医师数总体呈现不断提高的趋势，由2012年的14人增至2018年的18人，2018年较2012年增长29%。基本实现了每个县都有综合医院和中医院，每个乡镇有一所乡镇卫生院，每个行政村有一所卫生室。

农村基层医疗卫生服务能力稳步提升。2019年，继续启动紧密型县城医共体建设，进一步整合县城医疗卫生资源。2019年，全国县级（含县级市）医院诊疗人次达12.8亿人次，比上年增加0.9亿人次；入院人数9135万人，比上年增加390.4万人；病床使用率80.7%，比上年下降1.0个百分点。乡镇卫生院诊疗人次为11.8亿人次，比上年增加0.5亿人次；入院人数3909万人，比上年减少75万人。乡镇卫生院和社区卫生服务中心（站）门诊量占门诊总量的23.3%，所占比重比上年上升0.2个百分点，村卫生室诊疗量达16.1亿人次，比上年减少0.7亿人次，平均每个村卫生室年诊疗量2597人次，农村居民看病就医需求基本得到保障（表1-8）。

表1-8　2012—2019年乡镇卫生院医疗服务情况

| 年份 | 入院人数（万人） | 病床使用率（%） | 平均住院日（日） |
|---|---|---|---|
| 2012 | 3 908 | 62.1 | 5.7 |
| 2013 | 3 937 | 62.8 | 5.9 |
| 2014 | 3 733 | 60.5 | 6.3 |
| 2015 | 3 676 | 59.9 | 6.4 |
| 2016 | 3 800 | 60.6 | 6.4 |
| 2017 | 4 047 | 61.3 | 6.3 |
| 2018 | 3 985 | 59.6 | 6.4 |
| 2019 | 3 909 | 57.5 | 6.5 |

数据来源：中国统计年鉴、中国卫生健康统计年鉴。

2019年，乡镇卫生院医师日均担负诊疗9.4人次和住院1.5床日。病床使用率57.5%，出院者平均住院日6.5日。与2018年相比，乡镇卫生院医师工作负荷比较稳定，病床使用率下降 2.1 个百分点，平均住院日比上年延长 0.1 日。

2019 年，乡镇卫生院人均门诊费用 77.3 元，按当年价格计算比 2018 年上涨 8.1%，按可比价格上涨 5.1%；人均住院费用 1 969.6 元，按当年价格计算比上年上涨 7.4%，按可比价格上涨 4.4%（图 1-10）。日均住院费用 303.9 元。2019 年，乡镇卫生院次均门诊药费（46.2 元）占 59.8%，比 2018 年（55.0%）上升 4.8 个百分点；人均住院药费（757.5 元）占 38.5%，比 2018 年（39.8%）下降 1.3 个百分点。

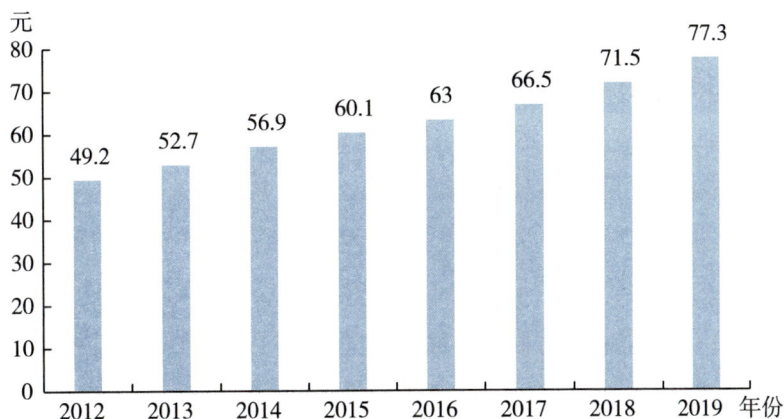

图 1-10 2012—2019 年我国乡镇卫生院次均门诊费用

数据来源：中国卫生健康事业发展统计公报。

县域医疗机构服务能力显著提升。2012—2018 年，县级市属医院平均每所医院总收入由 2012 年的 12 180.6 万元提高到 2018 年的 24 133.2 万元，6 年间提高 98%；县级市属医院平均每所医院总支出由 2012 年的 11 678.6 万元提高至 2018 年的 23 784.9 万元，6 年间提高 104%；县级市属医院医师日均担负诊疗人次由 2012 年的 7.8 次提高至 2018 年的 8 次，6 年间提高 2.6%（表 1-9）。

表 1-9　2012—2018 年县级市属医院医疗服务情况

| 年份 | 平均每所医院总收入（万元） | 平均每所医院总支出（万元） | 医师日均担负医疗人次 |
|---|---|---|---|
| 2012 | 12 180.60 | 11 678.60 | 7.80 |
| 2013 | 14 130.70 | 13 575.90 | 7.90 |
| 2014 | 16 056.20 | 15 457.20 | 8.20 |
| 2015 | 17 825.90 | 17 408.70 | 8.10 |
| 2016 | 19 698.60 | 19 294.10 | 8.20 |
| 2017 | 22 143.60 | 21 890.50 | 8.10 |
| 2018 | 24 133.20 | 23 784.90 | 8.00 |

数据来源：中国卫生健康统计年鉴。

### 3. 公共卫生服务取得积极进展

积极推进基本公共卫生服务是全面建设小康社会的重要内容。2019 年全国医疗卫生机构数量比 2018 年增加 1.01%，医院数量比 2018 年增加 4.07%，基层医疗卫生机构数量比 2018 年增加 1.73%。乡村两级医疗机构和人员"空白点"基本消除，行政村建有村卫生室比例达到 94%。贫困地区乡村两级医疗机构和人员"空白点"全面消除，贫困人口大病保险参保率接近 100%。妇幼健康状况持续改善，通过实施母婴安全和健康儿童行动计划，儿童和孕产妇死亡率持续下降，尤其是农村地区下降更为明显。据妇幼卫生检测数据，2019 年，孕产妇死亡率 18.3/10 万，其中，城市 16.5/10 万，农村 18.6/10 万；5 岁以下儿童死亡率 7.8‰，其中：城市 4.1‰，农村 9.4‰；婴儿死亡率 5.6‰，其中：城市 3.4‰，农村 6.6‰。与上年相比，5 岁以下儿童死亡率、婴儿死亡率均有不同程度的下降，其中，农村孕产妇死亡率降低 1.3/10 万，5 岁以下儿童死亡率降低 0.8‰，婴儿死亡率降低 0.7‰。

### 4. 农村卫生综合改革持续深化

2019 年，各地不断深化农村卫生综合改革，完善绩效工资政策，努力构建多渠道补偿和激励性分配机制。江苏、浙江、安徽、湖南、海南、宁夏等省份出台基层医疗卫生机构"公益一类财政保障、公益二类绩效管理"的政策文件；浙江、福建、云南等省份落实财政投入，搞活分配政策，激发了基层医疗机构运行活力，调动了医务人员的积极性。

## （三）社会保障体系进一步健全，保障水平稳步提高

农村社会保障体系建设责任重大，是保障和改善民生的重要内容。2019 年，国家采取了一系列政策措施来推动建立统一的城乡居民基本养老保险、基本医疗保险制度，失业保险保生活、防失业、促就业"三位一体"功能基本确立，工伤保险改革进一步深化，农村社会保障体系加快建设，推动农村社会保障水平稳步提高。

### 1. 农村居民基本养老保险服务水平不断提高

农村居民基本养老保险服务是实现"老有所养，老有所依"的重要保障，也是全面建成小康社会的必然要求。

全国农村参保人数不断增加，受益覆盖面继续扩大。根据《2019 年度人力资源和社会保障事业发展统计公报》，2019 年末城乡居民基本养老保险参保人数 53 266 万人，比上年末增加 874 万人，比 2014 年增加了 3 158 万人。其中，实际领取待遇人数 16 032 万人。2014—2019 年，我国城乡居民基本养老保险参保人数增长了 6.3%，参保人数增长速度迅猛，受益覆盖面不断扩大。2019 年共为 2 529.4 万建档立卡贫困人口、1 278.7 万低保对象、特困人员等贫困群体代缴城乡居民养老保险费近 42 亿元，为 2 885.5 万贫困老人发放养老保险待遇，6 693.6 万贫困人员从中受益。全国 5 978 万符合条件的建档立卡贫困人员参加基本养老保险，稳步实现贫困人员基本养老保险应保尽保（图 1-11）。

万人

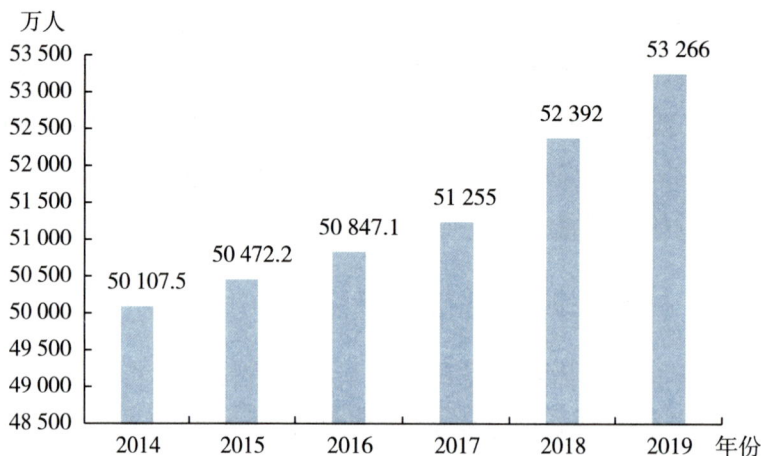

图 1-11  2014—2019 年我国城乡居民基本养老保险参保人数

数据来源：国家统计局。

保障水平逐步提高，统筹城乡服务体系基本建立。2019 年，企业退休人员基本养老金实现 15 连调，企业和机关事业单位退休人员养老金连续 4 次同步调整。企业退休人员养老金水平、失业保险、工伤保险待遇都有了大幅提高。2019 年，继续实施综合性降费政策，全年共降费 4 253 亿元。从中央到省、市、县、乡镇（街道）的五级社会保障管理体系和服务网络基本建成，社会保障卡持卡人数达 13 亿人。国家社会保险公共服务平台正式上线运行，初步可提供 10 类 26 项全国性、跨地区服务。

确保养老金按时足额发放。自新农保和城镇居民基本养老保险制度并轨以来，城乡居民基础养老金最低标准不断提高，逐步实现企业职工基本养老保险基金省级统收统支，养老保险基金中央调剂力度不断加大，并及时划转国有资本充实社保基金。2019 年，全面推开将中央和地方国有及国有控股大中型企业和金融机构的 10%国有股权划转至社保基金会和地方相关承接主体。截至 2019 年底，中央层面已经完成划转国有资本 1.3 万亿元。同时，2019 年中央财政继续加大对基本养老保险基金的补助力度，重点向中西部地区和老工业基地倾斜，补助金额达 5 261 亿元。

**2. 城乡居民基本医疗保险制度持续完善**

加强农村地区基本医疗保险公共服务。2019 年 5 月，国家医疗保障局会同财政部印发《关于做好 2019 年城乡居民基本医疗保障工作的通知》（医保发〔2019〕30 号），进一步推进完善统一的城乡居民基本医疗保险制度和大病保险制度建设。《通知》重点针对城镇居民医保和新农合尚未完全整合统一的地区，明确要求加快整合力度，于 2019 年底前实现两项制度并轨运行向统一的居民医保制度过渡，在制度政策"六统一"基础上，进一步统一经办服务和信息系统，提高运行质量和效率。截至 2019 年 12 月底，江苏省、山东省等已下发相关政策文件，要求全面实行基本医疗保险基金市级统收统支。同时，加快巩固完善异地就医直接结算，优化异地就医备案流程。整合城乡医保经办资源，大力推进基本医保、大病保险、医疗救助"一站式服务、一窗口办理、一单制结算"，方便群众享受医保待遇。

城乡居民基本医疗保险补助标准逐年增加。2019 年城乡居民医保人均财政补助标准新增 30 元，达到每人每年不低于 520 元，新增财政补助一半用于提高大病保险保障能力。同时，个人缴费同步新增 30 元，达到每人每年 250 元。2019 年，通过转移支付下达城乡居民医保补助资金 3 337.22 亿元。《2019 年全国医疗保障事业发展统计公报》显示，2019 年参加城乡居民医保 10.24 亿人。职工医保、城乡居民住院费用报销水平提高到 60% 以上。同时，进一步提高大病保险保障水平，降低并统一大病保险起付线，原则上按上一年度居民人均可支配收入的 50% 确定，大病保险政策范围内报销比例由 50% 提高至 60%。

医疗救助和医保扶贫成效明显。落实医保精准扶贫任务，充分发挥基本医保、大病保险、医疗救助三重保障功能，着力解决流动贫困人口断保、漏保问题。大病保险对贫困人口实施倾斜支付，起付线降低 50%，支付比例提高 5 个百分点，全面取消建档立卡贫困人口大病保险封顶线。2019 年，全国医疗救助基金支出 502.2 亿元。2019 年中央财政投入医疗救助补助资金 245 亿元，安排 40 亿元补助资金专项用于支持深度贫困地区提高贫困人口医疗保障水平。在支持医疗服务能力提升方面，2019 年下达医疗服务与保障能力提升补助资金 278.96 亿元，其中，安排补助资金 25.76 亿元支持 368 个深度贫困县医疗卫生机构服务能力提升。截至 2019 年底，农村建档立卡贫困人口参保率达到 99.9％以上。医保扶贫综合保障政策惠及贫困人口近 2 亿人次，帮助 418 万因病致贫人口精准脱贫。

### 3. 社会救助体系兜底能力进一步强化

低保投入持续增加，低保标准稳步提高。截至 2019 年底，全国共有低保对象 4 317 万人，其中农村低保对象 3 456 万人，较上年 3 519.1 万人再下降 1.7％。2012—2019 年，我国农村低保对象共下降 1 888.5 万人（图 1-12）。截至 2019 年 11 月底，全国城市低保人均标准为 617 元/月，农村低保人均标准为 5 247 元/人，同

图 1-12　2012—2019 年我国农村最低生活保障人数

数据来源：中国民政统计年鉴。

比分别增长 7.4% 和 10.4%，累计支出低保金达 1 433.8 亿元。2019 年中央补助地方孤儿养育标准东中西部分别提高到每人每月 300 元、450 元、600 元，增幅达 50%。2019 年 12 月，全国农村低保人均标准为 5 336 元/年，22 个脱贫攻坚任务重的省份农村低保人均标准达到 4 697 元/年，全国深度贫困县达到 4 199 元/年，"三区三州"所辖县也达到了 4 068 元/年。北京、上海、浙江等地基本实现了城乡低保标准"并轨"。

社会救助兜底作用明显。截至 2019 年 12 月，全国共有农村特困人员 439.3 万人，其中集中供养 75.2 万人，生活不能自理特困人员 107.3 万人，全年累计支出农村特困人员救助供养资金 346.9 亿元。社会救助体系在保障贫困人口基本生活保障方面发挥重要作用。截至 2019 年 12 月，全国共有 1 857 万建档立卡贫困人口纳入低保或特困人员救助供养范围，其中已脱贫 1 693 万人、未脱贫 164 万人，纳入低保或特困救助供养范围的贫困人口稳定实现吃穿"两不愁"。救助生活无着落的流浪乞讨人员 86.1 万人次。另外，困难残疾人生活补贴、重度残疾人护理补贴分别惠及 1 031.3 万、1 322.2 万残疾人。2019 年 1—12 月全国共实施临时救助 917.7 万人次，累计支出救助资金 128 亿元，平均救助水平 1 395 元/人次，其中，救助建档立卡贫困人口 304 万人次。

农村贫困人口显著减少。2019 年，按照每人每年 2 300 元的农村贫困标准计算，年末农村贫困人口 551 万人，比上年末减少了 1 109 万人，贫困发生率 0.6%，比上年下降 1.1 个百分点。2012—2019 年，我国贫困人口共减少 9 348 万人，下降超过 94%，贫困发生率下降了 9.6 个百分点。脱贫攻坚成效显著。贫困地区农村居民人均可支配收入 11 567 元，比上年名义增长 11.5%，扣除价格因素，实际增长 8.0%，贫困地区农村实际增速比全国农村快 1.8 个百分点（图 1 - 13、图 1 - 14）。

万人
%

图 1 - 13　2012—2019 年我国农村贫困人口及贫困发生率

数据来源：国家统计局。

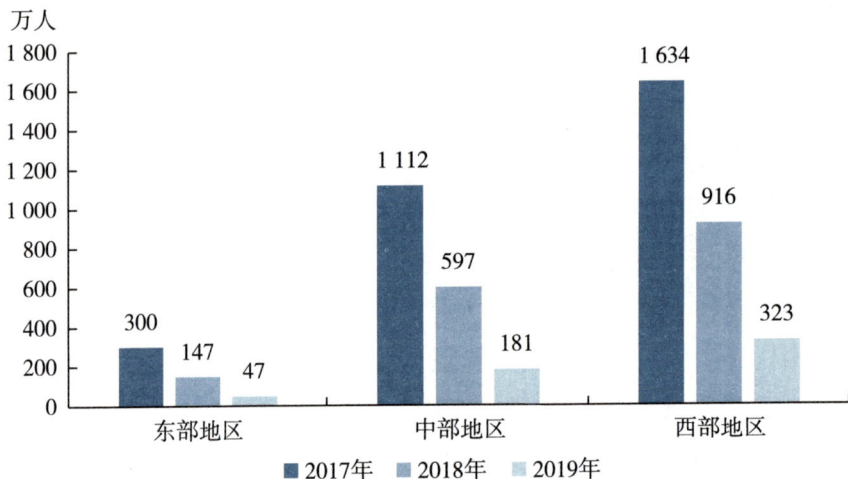

图 1 - 14　2017—2019 年分地区农村贫困人口数

数据来源：国家统计局。

## 4. 农民工社会保障水平加快提高

为保证农民工基本权益，2019 年中央出台各种措施来提高农民工社会保障水平，加快改善农民工居住环境。

进一步推动农民工参加社会保险。2019 年农民工总量达到 29 077 万人，比上年增加 241 万人，增长 0.8%。全国参加工伤保险人数 25 474 万人，其中，参加工伤保险的农民工 8 616 万人，增加 530 万人。截至 2019 年末，全国新开工工程建设项目工伤保险参保率为 99%。同时，居住证制度全面落实，为转移就业的农民工实现由"漂"转"稳"提供了保障。

农民工居住状况进一步提升。根据《2019 年农民工监测调查报告》，2019 年，进城农民工人均居住面积 20.4 平方米，比上年提高 0.2 平方米。其中，在 500 万人以上城市人均居住面积增加较多，由上年的 15.9 平方米提高到 16.5 平方米；在 300 万～500 万人口城市人均居住面积为 19.7 平方米，比上年提高 0.3 平方米。进城农民工户中，住房中有取暖设施的占 52.2%（其中集中供暖占 11.6%，自行取暖占 40.6%），比上年提高 1.5 个百分点；有洗澡设施的占 83.7%，提高 1.6 个百分点；能上网的占 94.8%，提高 2.7 个百分点；拥有电冰箱、洗衣机、汽车（包括经营用车）的比重分别为 65.7%、66.1% 和 28.2%，分别提高 2.0、3.1 和 3.4 个百分点。

**5. 残疾人社会保障与服务不断改进**

残疾人社会保障体系不断改善。我国有 8 500 多万残疾人，其中 75% 以上生活在农村。根据 2019 年残疾人事业发展统计公报显示，全国已有残疾人康复机构 9 775 个，其中，1 430 个机构提供视力残疾康复服务，1 669 个提供听力言语残疾康复服务，4 312 个提供肢体残疾康复服务，3 529 个提供智力残疾康复服务，2 022 个提供精神残疾康复服务，2 238 个提供孤独症儿童康复服务，1 970 个提供辅助器具服务。康复机构在岗人员达 26.4 万人，其中，管理人员 2.9 万人，专业技术人员 19.0 万人，其他人员 4.5 万人。截至 2019 年底，残疾居民参加城乡社会养老保险人数 2 630.7 万；636.2 万 60 岁以下参保重度残疾人中，618.2 万人得到政府的参保扶助，享受代缴比例达到97.2%；299.1万非重度残疾人享受了个人缴费资助政策；1 070.8万人领取养老金。2019年城乡持证残疾人新增就业39.1万人，其中，城镇新增就业12.2万人，农村新增就业26.9万人；城乡新增残疾人实名培训40.7万人。

贫困重度残疾人帮扶工作力度进一步加大。2019年，我国建档立卡贫困残疾人的数量从2018年的169.8万人减至不到50万人，减少了120万。截至2019年11月底，全国享受困难残疾人生活补贴的残疾人达1 031.3万，享受重度残疾人护理补贴的残疾人达1 322.2万。2019—2020年，中央财政继续支持实施"福康工程"，聚焦深度贫困地区，为贫困残疾人免费配置假肢和矫形器等辅具，筛选肢体畸形患者免费进行手术矫治、康复训练和配置术后矫形器等辅具。

各地进一步加大残疾人"两项补贴"投入力度。广东省从2019年起将非重度智力、精神残疾人纳入重度残疾人护理补贴范围，提高残疾人两项补贴标准，其中困难残疾人生活补贴标准从现行的157.5元/（月·人）提高到165元/（月·人），重度残疾人护理补贴标准从现行的210元/（月·人）提高到220元/（月·人）。浙江省2019年共发放困难残疾人生活补贴和重度残疾人护理补贴95.05万人（次），投入资金27.1亿元，建成规范化"残疾人之家"1 090家，庇护智力、精神和其他重度残疾人2.26万人。

**6. 农村公共就业服务体系不断健全**

2019年，聚焦农村劳动者就业服务需求，全面落实免费服务、信息服务、就业失业登记、就业援助、专项服务等制度，均等化就业服务水平进一步提升。2019年底，县（区）以上普遍设立了公共就业服务机构，98.8%的街道和98.7%的乡镇建立了劳动保障工作平台，92%的社区和78.6%的行政村配备有劳动保障人员。部分农村地区运用互联网、移动应用、12333电话等线上方式，以及实体大厅等线下渠道，将就业创业服务送到了农民身边。2019年，各级公共就业服务机构提供创业指导服务 386.4 万人次，补贴性创业培训 222.8 万人次，建设主要服务返乡创业的孵化载体 1 100 家。

## （四）文化体育事业高质量发展，农村文娱生活进一步丰富

2019 年，我国农村公共文化和体育事业呈现蓬勃发展的态势，现代公共文化服务体系不断完善，基础设施不断改善，农村公共文化服务供给日益丰富，体育设施水平不断提高。农民群众可以通过互联网、电视等多种途径更便捷、有效地获取公共文化服务。广大农民群众积极参加各项体育健身活动，身心健康水平显著提高。

2013—2019 年，伴随着生活水平和收入的不断提高，我国农村居民在教育、文化和娱乐活动等方面的支出不断增加。2019 年人均教育、文化和娱乐支出达到 1 482 元，比上一年增长了 180.42元，与 2013 年相比增长了将近 2 倍。农村居民家庭恩格尔系数则呈现稳步下降的趋势，2019 年家庭恩格尔系数达到 30%，比 2013年下降了 7.7 个百分点，农村居民生活水平提升明显（图 1-15、图 1-16）。

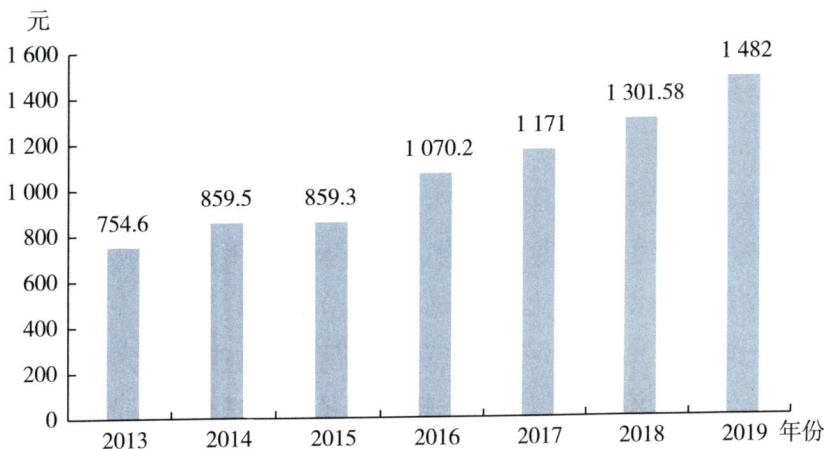

图 1-15 2013—2019 年我国农村居民人均教育、文化和娱乐支出

数据来源：国家统计局。

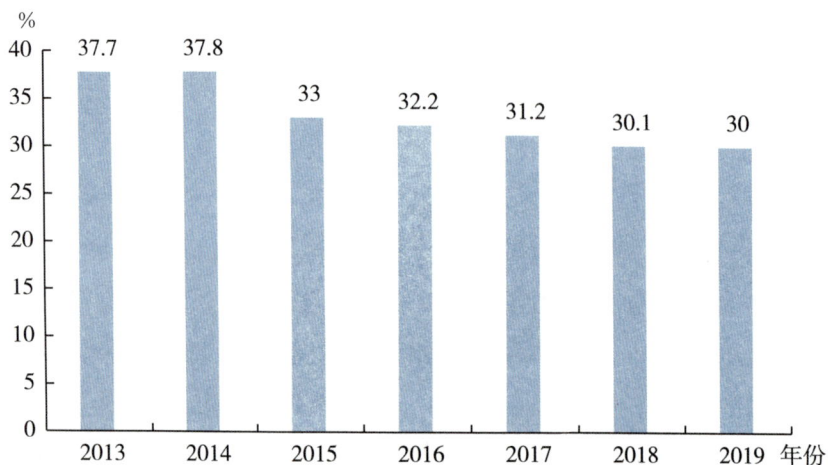

图 1 - 16　2013—2019 年农村居民家庭恩格尔系数

数据来源：国家统计局。

### 1. 公共文体设施建设加快推进

基层综合性文化服务中心建设进一步推进。全国文化和旅游事业费中，县及县以下文化和旅游事业费 548.11 亿元，占 51.5%。截至 2019 年底，全国有 2 325 个县（市、区）出台公共文化服务目录，占比 83%；549 176 个行政村（社区）建成综合性文化服务中心，占比 95.5%；1 649 个县（市、区）建成文化馆总分馆制，1 711 个县（市、区）建成图书馆总分馆制，分别占比 68.5%、73.8%。

实施文化惠民等工程。从 2016 年起，中央财政设立贫困地区村文化活动室设备购置专项资金，为国家级贫困地区的村文化活动室购置设备，补助标准为每个农村文化活动室 2 万元。截至 2019 年 7 月，共安排资金 17.9 亿元支持了近 9 万个村文化活动室的设备购置，连续 4 年为贫困地区所辖乡镇每年配送 6 场以地方戏为主的演出，实现了贫困地区流动图书车、文化车全覆盖，并为中西部地区 650 个国有基层文艺院团配送了流动舞台车。

个

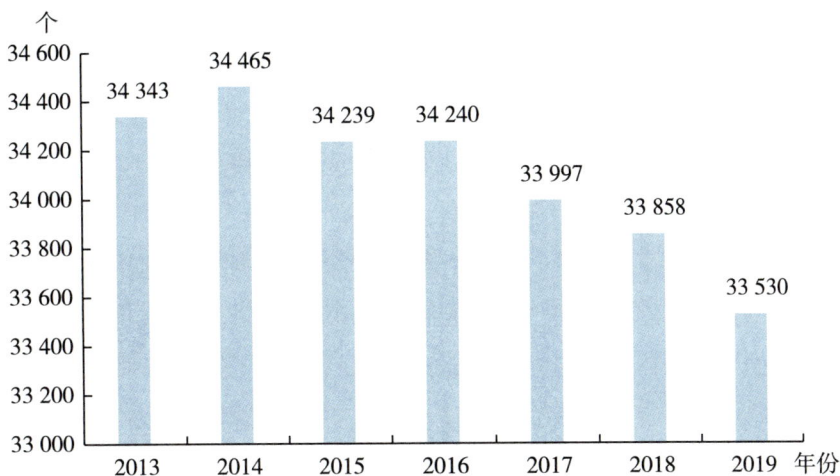

图 1-17 2013—2019 年我国乡镇文化站数量

数据来源：中国统计年鉴。

对接乡村振兴战略，深入实施广播电视重点惠民工程。围绕决战决胜脱贫攻坚重大部署，对接乡村振兴战略，统筹有线、无线、卫星等多种方式，持续推进无线发射台站基础设施建设工程二期、贫困地区县级广播电视播出机构制播能力建设等重点惠民工程、深度贫困县应急广播体系建设工程，持续推进广播电视户户通、优质通，着力促进广播电视公共服务提质增效。2019 年农村广播节目综合人口覆盖率 98.84%，农村电视节目综合人口覆盖率 99.19%，比 2018 年分别提高了 0.26 和 0.18 个百分点。农村有线广播电视实际用户数 0.73 亿户，其中，农村数字电视实际用户数 0.67 亿户，同比增长 1.52%。在有线网络未通达的农村地区直播卫星用户 1.43 亿户，同比增长 3.62%。

加强脱贫攻坚宣传报道，农村节目制作播出时间持续增加。根据《2019 年全国广播电视行业统计公报》，2019 年全国农村广播节目制作时间 128.68 万小时，同比增长 3.24%，占广播节目制作总时长的 16.05%；播出时间 451.64 万小时，同比增长 2.31%，占公共广播节目播出总时长的 29.07%。农村电视节目制作时间

67.60 万小时，同比增长 1.59％，占电视节目制作总时长的 19.56％；播出时间 424.83 万小时，同比增长 1.69％，占公共电视节目播出总时长的 21.78％。

健全完善应急广播体系，切实加强应急宣传保障能力。实施深度贫困县应急广播体系建设工程，2018—2019 年落实中央财政资金 18.46 亿元，支持 442 个符合条件的深度贫困县实施应急广播体系工程，建设应急广播平台，健全传输覆盖网络，布置应急广播终端。实施贫困地区村综合文化服务中心覆盖工程广播器材配置工作，落实中央财政补助资金 6.41 亿元，对 32 042 个符合条件的行政村广播器材配置予以补助。"十三五"期间，全国应急广播建设已覆盖行政村 20.6 万个，覆盖行政村数量占全国行政村数量的 29％，部署应急广播大喇叭、智能音柱、公共大屏等终端 135 万个，为贫困地区群众及时、有效地提供灾害预警应急广播、政务信息发布和政策宣传等服务。

农村体育设施建设进一步完善。我国以行政村为主要对象，推动实施"农民体育健身工程"。截至 2019 年底，全国 90％左右的行政村完成"一场两台"等体育设施建设。"一场两台"主要包括一个混凝土标准篮球场，配备 1 副标准篮球架和两个室外乒乓球台。"十三五"时期，国家共安排中央公共体育服务体系建设专项资金共 10 亿元，重点支持贫困地区建设农民体育健身工程项目。

**专栏八**

### 广播电视直播卫星公共服务项目

近年来，国家广播电视总局紧紧围绕全面建成小康社会、精准扶贫、乡村振兴战略和兴边富民行动，指导全国各级广电部门大力实施直播卫星村村通工程和户户通工程建设，积极推进农村地区尤其是老少边穷地区直播卫星公共服务建设，在满足人民群众精神文化生活、促进城乡广播电视公共服务均等化方面发挥了重要独特作用，有效巩固壮大了农村宣传思想阵地。

## 一、有效扩大广播电视覆盖范围，满足农村地区人民群众"听上广播、看上电视"的需求

2008年以来，国家广播电视总局坚持政府主导与市场推广形成合力，充分发挥直播卫星覆盖范围广、传输质量高、接收成本低、维护方便等突出优势，全面组织实施直播卫星村村通和户户通工程。一方面积极协调中央财采取"以奖代补"的方式实施直播卫星户户通整省推进工程和追加工程，先后在新疆、云南、广西、海南、吉林、黑龙江、内蒙古等23个省区市发展直播卫星户户通用户2 807万户。另一方面规范发展直播卫星公共服务市场推广，以市场零售的方式发展农村地区直播卫星户户通用户超过1亿户。截至2020年6月，直播卫星公共服务有效覆盖全国59.5万个行政村，满足了1.45亿用户收听收看广播电视节目的需求，显著提高了中央和省级广播电视主流媒体在农村地区的有效覆盖，从根本上解决了农村人民群众"听不上广播、看不上电视"的问题。

## 二、丰富直播卫星公共服务内容，满足农村地区人民群众"听好广播、看好电视"的需求

目前，我国通过中国卫通中星9号和中星9A双星异轨备份，为农村地区广大人民群众提供了更为安全更为丰富的节目内容，农村广播电视覆盖质量、水平和收视效果显著提升。在收听广播方面，用户可以收听17套中央广播节目和29套省级广播节目，包括向全国覆盖的5套少数民族语广播节目。在收

看电视方面，用户可以接收 61 套中央和地方标清电视节目、5 套高清卫视节目，包括向全国覆盖的 7 套少数民族语言标清电视节目。另外，向新疆、西藏、内蒙古等地定向覆盖 4 套少数民族语言标清电视节目和 6 套少数民族语言广播节目，有效解决了少数民族语种节目匮乏、覆盖范围小、少数民族群众"听不懂""看不懂"问题。此外，浙江、福建、广东、海南等省基本实现直播卫星"渔船通"，南海地区首次实现了中央和部分省区广播电视节目的有效覆盖，全方位的传输覆盖和多样化内容供给模式，极大地丰富了农村和少数民族地区人民群众的精神文化需求。

**三、推进直播卫星公共服务提质增效，推进基层尤其是农村地区从"看电视"向"用电视"转变**

近年来，我国加强直播卫星传输技术研发和应用，提升直播卫星业务承载能力，加快推进直播卫星公共服务高质量发展和创新性发展。推动直播卫星高清化发展，完善直播卫星集成播控平台，实现数据广播、数据推送、EPG 及应急广播等多种数据业务的播发，更好满足农村地区群众新需求。疫情防控期间，新增传输中国教育电视台空中课堂频道，收看"CETV-4"频道的学生达到了 1 800 多万，助力农村地区教育资源均等化，向广大农村地区教师、学生提供优质培训资源，解决信息传递"最后一公里"问题，在保障农村家庭学生"停课不停学"方面发挥了显著作用。同时深度挖掘，多向开发卫星资源，在探索"直播星＋党务服务"、融合业务终端进行远程信息扶贫、服务农村地区教育医疗卫生农技需求等方面也取得了积极进展。

### 2. 农村文娱活动多元化发展

2019 年，群众性文化活动日益丰富，组织开展乡村春晚、广场舞展演、老年合唱节等丰富多彩活动，加快推进公共数字文化资源建设，加速形成"互联网＋"群众文化活动新局面。实施"春雨工程""阳光工程""圆梦工程"，加大农村地区文化帮扶力度。各地不断探索丰富多彩的乡村公共文化产品和服务供给，形成了浙江衢州流动文化服务、内蒙古"数字文化进蒙古包"、安徽农民文化乐园、甘肃农村大舞台等一批创新经验。特别是近年来逐渐兴起的"乡村春晚"蔚然成风，开展"全国乡村春晚百县万村网络联动"活动，已经成为重要的乡村文化活动。推进"中国民间文化艺术之乡"建设，进一步丰富农村群众文化生活。推动"戏曲进乡村"工作常态化开展，中央财政当年投入 3.89 亿元，为基层群众送上了文化大餐。

2019 年，累计为基层农村放映公益电影 500 万场次，为 1.3 万个贫困乡镇配送约 8 万场戏曲，组织 1.2 万支文化文艺小分队、举办 21 万场文化文艺活动，招募近 2 万名志愿者为 16 个边疆少数民族省区开展文化志愿服务，服务人次 1 000 多万，乡村春晚百县万村网络联动活动共吸引观众 3 078.7 万人次，为农村地区提供了更多更好的公共文化产品和服务。

### 3. 乡村文化保护水平日益提高

重要农业文化遗产发掘工作进一步推进。2019 年，农业农村部门组织相关单位专家在黄河流域和长江流域选择部分农耕文化资源富集区，以县域为单位开展重要农业文化遗产识别评估试点工作，重点识别当地各类农业文化遗产要素，包括特色品种、生产技术、耕种制度、生活习俗、传统技艺等内容，评估各遗产要素的内在系统性、在农耕文化发展进程中的独特性和转化创新的潜力。2019 年 3 月 1 日，《国家级文化生态保护区管理办法》正式实施，提出坚持保护优先、整体保护、见人见物见精神的理念，以"遗产丰富、氛围浓厚、特色鲜明、民众受益"为目的，促进传统文化的整体性保护。2019年，国务院公布了四批共计1 372项国家级非遗代表性项目，其中大部分根植于乡村地区，农业农村部认定天津津南小站稻种植系统等27项传统农业系统为第五批中国重要农业文化遗产，有效促进了中华优秀农耕文化保护传承。优秀乡村文化保护传承力度明显加强，年画、剪纸、花儿、染织等国家级农业非物质文化遗产达到近千个。哈尼稻作梯田、敖汉旱作农业、湖州桑基鱼塘等15项农业文化遗产入选全球重要农业文化遗产。

多措并举继续推进中国传统村落保护工作。2019年6月，住房和城乡建设部等6部委发布《住房和城乡建设部等部门关于公布第五批列入中国传统村落名录的村落名单的通知》（建村〔2019〕61号），决定将北京市房山区佛子庄乡黑龙关村等2 666个村落列入中国传统村落名录。2019年9月，住房和城乡建设部印发《关于加强贫困地区传统村落保护工作的通知》（建办村〔2019〕61号），要求加大贫困地区传统村落保护力度。建立贫困地区传统村落保护动态监测管理机制，保持贫困地区传统村落的完整性、真实性和延续性，对保护价值受到严重破坏或失去保护价值的传统村落给予警告或退出处理。2019年，经过近一年时间的筹备，北京、天津、山西、内蒙古等22个省区市共211个国家级传统村落顺利完成数字化。目前，中国传统村落数字博物馆村落单馆数量共计376个，分布在31个省区市，其中安徽省入馆数量最多，北京市入馆占比最高。运用技术力量赋能中国传统文化，中国传统村落数字博物馆已成为我国研究传统村落资料最丰富、数据最权威的国家级在线数据库。经过近10年的建设，我国传统村落共评选了五批，总数达到6 819个，少数民族特色村寨达到1 057个，涌现出安徽宏村、兰溪诸葛村、福建长乐村等一大批历史文化古村落（图1-18）。

个

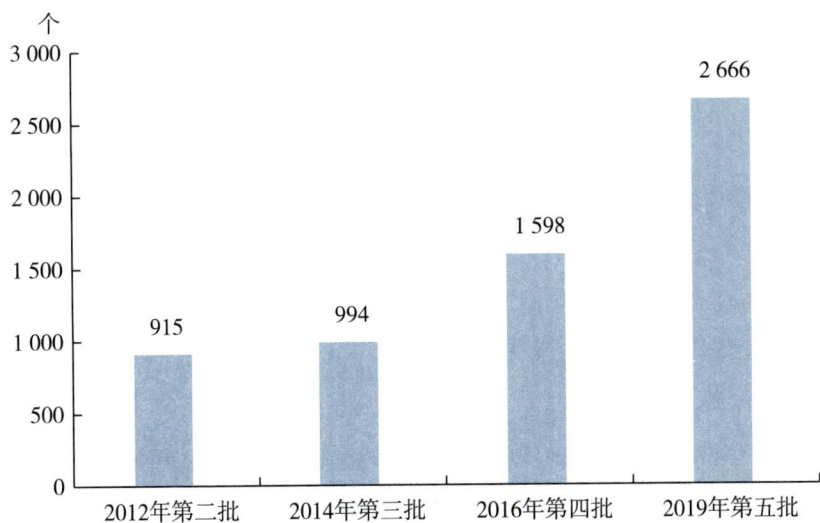

图 1-18 我国传统村落数量

数据来源：住房和城乡建设部。

"中国农民丰收节"活动持续健康发展。2019 年 12 月，中央农办等 13 个部门联合下发《关于做好中国农民丰收节组织实施工作的指导意见》（中农发〔2019〕13 号），强调各地要从实际出发，结合当地民俗文化、农时农事，组织开展丰富多彩的节日活动，突出民族特色、地域特色，将重心下沉到县乡村，避免千篇一律。2019 年，"我的丰收我的节"书法、绘画、摄影、文艺作品、手工制品、微视频等系列征集推选和"十大农产品网络销售达人"评选等活动，以及千村万寨展新颜等 6 个"千万"乡村振兴系列活动、"庆丰收·消费季"、全国农民手机应用技能培训、中国农民丰收文化展、农民丰收歌会等活动相继举办，引导了节日主旋律，唱响了节日的时代意义，发挥了示范带动作用，在基层得到了创新和拓展。全国县乡村举办的庆祝活动超过 3 000 场，充分展现了蓬勃的时代气象、火热的生活激情、多样的农耕文化、光明的振兴图景以及农民的时代风采，在全社会营造了重农强农的浓厚氛围。一方面，农民参与度和基层覆盖率进一步提升，丰收节真正成为农民自己的节日；另一方面，各地庆祝活动吸引了人流，汇聚了商家，拉动了消费，凝聚了民心，为乡村振兴提供了强大动力。

**专栏九**

### 中国重要农业文化遗产

中国重要农业文化遗产工作源于联合国粮农组织发起的"全球重要农业文化遗产"项目，旨在保护具有丰富生物多样性、传统知识与技术体系、独特生态与文化景观、中华民族世代相传的农业系统。2002年，联合国粮农组织发起全球重要农业文化遗产保护（以下简称GIAHS）倡议，旨在推动全球优秀传统农业文化遗产的动态保护和可持续发展。我国是最早响应该倡议的国家之一，并推动"浙江青田稻鱼共生系统"入选2005年首批GIAHS试点名单。截至目前，共有亚洲、欧洲、非洲、南美洲的21个国家的58个项目被列为全球重要农业文化遗产，我国有15项，居世界第一位。2012年，原农业部正式启动了第一批中国重要农业文化遗产申报认定，在全球率先开展了国家层面发掘认定与保护传承工作。此后，分别于2013年、2014年、2016年、2019年组织开展了第二、第三、第四、第五批申报认定，共评审认定中国重要农业文化遗产118项。

我国重要农业文化遗产传承保护工作持续发展，工作成效显著。从国内方面看，初步建立起了管理制度、工作机制和人才队伍，指导遗产地深入挖掘农耕文化资源，促进产业创新融合，有效带动农民增收和人居环境改善，农耕文化得到传承。从国际方面看，我国是拥有GIAHS数量、科学论文及著作数量最多、最早发布国家级管理办法、最早启动监测评估工作、最早开展全国普查的国家，我国在世界农业文化遗产保护传承工作中起到了示范引领作用，有力宣传了中华优秀农耕文化和可持续发展理念，成为大国农业外交的优秀典范。

近年来，农业农村部将中国重要农业文化遗产保护传承与发展创新工作作为指导中华优秀农耕文化建设的重要抓手，坚持"在发掘中保护、在利用中传承、在创新中发展"的基本原则，深入挖掘、创新管理、加大传播，各项工作稳步推进。一是完善相关制度政策。按照《乡村振兴战略规划（2018—2022年)》要求，推动研究出台《中国重要农业文化遗产指导意见》。二是深入挖掘遗产资源价值。分华南、东南、西北三个片区开展农业文化遗产识别评估试点，梳理农耕资源现状、评估价值，力争发现一批具有保护价值的遗产资源。组织开展中国重要农业文化遗产价值体系研究，深入挖掘、解读、提炼我国农业文化遗产的价值内涵和思想精髓。三是加强传播提升。结合中国农民丰收节开展丰富多样的遗产地展示活动，山东夏津黄河故道古桑树群等多个遗产地成为所在省丰收节活动主会场。在第十七届农交会上开办"农遗良品"主题展馆，组织哈尼谷歌、方正剪纸、侗族大歌等文艺演出，全面展现遗产地丰富的文化传承，成为农交会上的一大亮点。在中央电视台农业农村频道持续展示遗产地农业文化景观，极大提升了遗产地社会影响力。

### 4. 群众性体育活动进一步发展

2019年，各地在完善乡村体育健身基础设施的同时，开展了形式丰富的群众性体育赛事及全民健身活动，带动了农村体育事业的发展。这些活动主要有：第一届全国农民冰雪项目运动会、第三届全国农民体育健身大赛、全国农民舞龙舞狮大赛、第二届全国农民赛羊邀请赛暨尚义县第十六届赛羊会、第二届全国农民广场舞（健身操舞）大赛暨湖北省农民广场舞联赛、全国首届农民水果（梁平柚）采收邀请赛暨重庆市第四届农民水果采收运动会。从地方层面看，广东省肇庆市大力推进体育服务体系建设，全面建成设施完备、活动丰富的城乡 15 分钟公共文体服务生活圈，并先后举办了徒步日活动、元宵节舞狮比赛以及龙舟争霸赛等形式丰富、趣味十足的群众性体育活动。四川省内江市举办龙舟赛、第四届大中专乒乓球联赛、公益健身社区行、国家体育锻炼标准达标等市级比赛和活动，共计超过 10 万人参加各项赛事活动。安徽省积极组织开展全民健身运动，组织百人以上规模群众体育活动 4 262 次，直接参与人次达 414 万。

## （五）人居环境持续改善，基础设施建设不断加强

2019 年中央提出优先发展做好"三农"工作，把公共基础设施建设重点放在乡村，坚持先建机制、后建工程，加快推动乡村基础设施提档升级，实现城乡基础设施统一规划、统一建设、统一管护，农村饮水、道路、供电等基础设施状况持续改善。2019 年，各地区各部门持续聚焦农村生活垃圾、污水治理、村容村貌提升等重点任务，加快推进农村人居环境整治，取得显著成效。

### 1. 人居环境整治有效开展

2019 年，各有关部门认真履职、协同配合，加大对农村人居环境整治的投入和推进力度，安排 70 亿元中央财政资金推进实施农村厕所革命整村推进奖补政策。针对中西部地区农村人居环境整治基础设施短板较为突出的现实情况，国家发改委在中央预算内投资中新增设立专项并安排 30 亿元资金，会同农业农村部启动实施农村人居环境整治整县推进工程，支持江西等中西部省份以县为单位，加快补齐农村人居环境设施短板。同时，国务院将农村人居环境整治纳入国务院督查激励措施，对 19 个县予以

督查激励，其中中西部地区有 13 个县，每个县落实 2 000 万元激励资金。

生活垃圾治理取得明显成效。2019 年，国家继续推进生活垃圾治理，重点整治垃圾山、垃圾围村、垃圾围坝等现象。截至 2019 年底，生活垃圾收运处置体系已覆盖全国 84％以上的行政村，较 2013 年提高 40 多个百分点，各地排查上报的 2.4 万个非正规垃圾堆放点 86％已完成整治。同时，加快建立农村生活垃圾回收利用体系。截至 2019 年，共建设城乡再生资源回收站点 3.7 万个、其中乡村站点 3.3 万个，建设分拣中心 1 145 个，其中县域分拣中心 1 104 个。先后启动村庄清洁行动春节战役、春季战役、夏季战役和秋冬战役，覆盖全国 90％以上的村庄，动员近 3 亿人次参加，累计清理农村生活垃圾 4 000 多万吨、村塘淤泥 3 500 多万吨、村内残垣断壁 410 多万处，有力推动了农村人居环境整治工作面上推开，一大批村庄村容村貌明显改善，得到了农民群众的普遍认可。

加快推进农村生活污水治理。2019 年，中央财政通过农村环境整治资金安排 42 亿元重点支持农村生活污水综合治理试点，国家相关部门统筹推进农村生活污水处理设施建设。目前，全国已有 25 个省份颁布地方农村生活污水排放标准。生态环保部联合农业农村部、住房和城乡建设部赴 22 个省区市调研农村生活污水治理情况，制定《农村生活污水治理技术手册》，指导各地因地制宜选择治理技术和治理模式。水利部联合财政部启动农村水系综合治理试点，推进农村河塘、沟渠清淤疏浚。据统计，全国近 30％农户生活污水得到处理，乱排乱放现象明显减少。

农村厕所革命持续推进。2019 年，各地因地制宜、有序推进农村厕所革命，切实提高农村改厕工作质量。农业农村部强化技术指导和相关标准修订，在全国 11 个省份选择 17 个村开展农村改厕技术集成示范试点，探索干旱、高寒等特殊条件地区农村改厕技术模式。文化和旅游部全年共新建、改扩建旅游厕所 2.23 万座。

2019年，全国新改造农村户用卫生厕所1 000多万户，农村卫生厕所普及率超过60％。

### 2. 基础设施条件明显改善

农村公路建设成效显著。2019年，河北、浙江、福建、江西、海南等18个省份全面推行"路长制"，农村公路主体责任进一步落实，管理能力显著增强，有效提升了农村交通发展的组织保障水平，共建农村交通的"大格局"逐渐形成。截至2019年底，全国新建改建农村公路29万公里，农村公路里程已达420万公里，贫困地区县城基本实现了二级及以上公路覆盖，具备条件的建制村通硬化路率、通客车率分别达到100％、99.8％，"四好农村路"高质量发展取得阶段性成效（图1-19）。目前，国家主要通过成品油消费税转移支付资金对农村公路养护工程进行补助。国务院办公厅《关于深化农村公路管理养护体制改革的意见》（国办发〔2019〕45号）规定，成品油税费改革转移支付用于普通公路养护的比例一般不得低于80％且不得用于公路新建。其中，省、市、县三级

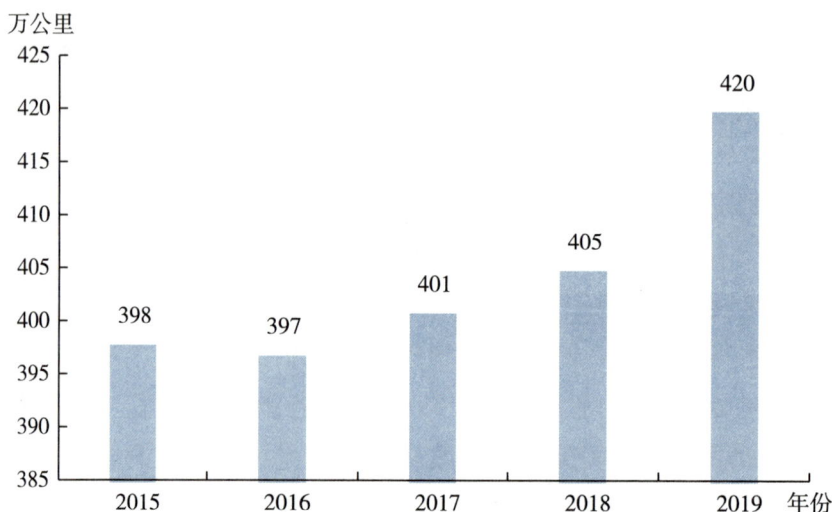

万公里

图 1-19 2015—2019 年我国农村公路总里程数

数据来源：交通部统计公报。

公共财政资金用于农村公路日常养护的总额不得低于以下标准：县道每年每公里 10 000 元，乡道每年每公里 5 000 元，村道每年每公里 3 000 元。2019 年，交通运输部进一步实施农村公路标志、标线、护栏等安全设施建设，推动各地逐步消除早期建成的农村公路安全隐患，重点消除急弯陡坡、临水临崖等路段隐患，大力推进危桥改造，支持地方实施农村公路危桥改造 3 088 座和农村公路安防工程 22.7 万公里，为群众出行提供良好安全保障。2019 年，交通运输部继续部署开展乡镇和建制村通硬化路"畅返不畅"的整治工作，将"整治农村公路养护管理不到位，农民出行不便利"作为突出问题，纳入交通运输部综合督查，按省分解整治任务，有序推进"畅返不畅"路段治理。截至 2019 年底，全国已完成乡镇和建制村"畅返不畅"整治约 7.9 万公里。

农村饮水安全巩固提升效果明显。2019 年，国家发展改革委会同水利部，加大中央补助资金力度，共下达 121.7 亿元农村饮水安全巩固提升工程建设资金。各地通过加大地方财政资金投入、整合涉农扶贫资金、吸引社会资本，加快工程建设进度，全年累计完成工程建设投资 553.7 亿元，共提升了 5 480 万农村人口供水保障水平，农村饮水安全巩固提升工程建设取得显著成效。生态环境部组织各地对农村"千吨万人"饮用水水源地进行摸底排查。截至 2019 年底，全国供水规模在"千吨万人"以上的农村水源 10 630 个，已完成保护区划定 7 281 个，占 68.5%。水利部充分发挥群众力量，畅通群众监督渠道，在全国 30 个省份，330 多个地级市，2 700 多个县（市、区）开通农村饮水监督电话。通过主题教育专项整治，排查发现维修养护不到位的农村供水工程 1 571 处，恢复正常供水 1 065 处，受益人口达 83.85 万人。

截至 2019 年 11 月底，全国县级农村饮水工程运行管理机构、运行管理办法和运行管理经费等"三项制度"全国整体落实比例分别为 95%、89%、90%。农村自来水普及率和农村集中式供水人口比例分别达到80％、85％以上。从2015年至2019年，全国农村自来水普及率由76％提升至82％，农民安全饮水基本得到保障（图1-20）。

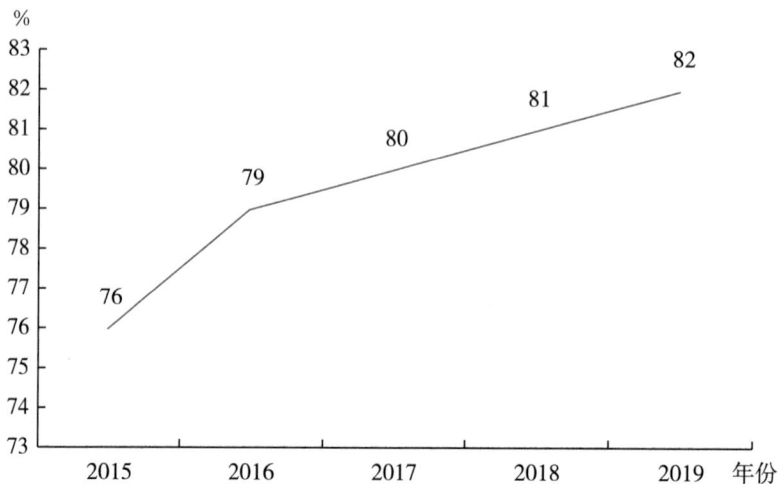

图1-20　2015—2019年全国农村自来水普及率

数据来源：全国水利发展统计公报。

农村供电条件持续改善。2019年初，国家电网有限公司落实中央部署，印发《关于服务乡村振兴战略　大力推动乡村电气化的意见》，大力推动乡村电气化，促进乡村能源生产和消费升级，为服务乡村振兴提供坚强电力保障。随着农村电网改造升级不断推进，农村供电能力和供电质量进一步提高。2019年1—9月，我国农村居民用电同比增长6.45％，超过城镇居民用电增速0.3个百分点，为近年来首次。2019年底，新一轮农村电网省级加快改造，在农产品种植、加工、乡村旅游等方面建成一批电气化试点示范工程，广大农民正在从"用上电"向"用好电"迈进，农民生活的便利化程度不断提高。

农村信息基础设施进一步加强。按照国务院部署要求，2019年工业和信息化部、财政部联合开展第五批电信普遍服务试点，支

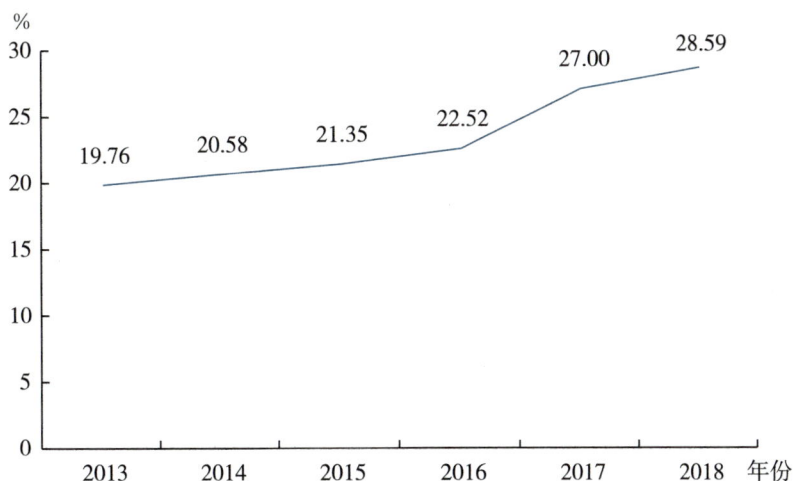

图 1–21　2013—2018 年全国村庄燃气普及率

数据来源：城乡建设统计年鉴。

持农村及偏远地区光纤建设和 4G 网络覆盖。中央财政和基础电信企业投资累计超过 500 亿元，支持全国 27 个省区市 13 万个行政村光纤建设以及 3.6 万个基站建设。2019 年，农村互联网应用快速发展，我国已经建成全球最大规模光纤和移动通信网络，农村宽带用户数量提升迅速，总数由 2012 年的 4 075.9 万提升至 2019 年的 1.35 亿，增长约 230%，较 2018 年底增长约 14.8%，增速较城市宽带用户高 6.3 个百分点。截至 2019 年底，我国行政村通光纤和通 4G 比例均超过 98%，贫困村通宽带比例超过 98%，建成一批"宽带乡村""百兆乡村"，实现了全球领先的农村网络覆盖；试点地区平均下载速率超过 70M，基本实现了农村城市"同网同速"。农村及偏远学校网络接入条件不断改善，全国中小学联网率超过96%。据中国互联网信息中心统计数据，我国网民规模 9.04 亿，其中农村网民规模为 2.55 亿，占网民整体的 28.2%，较 2018 年年底增长 3 308 万，较 2012 年增长了 6 900 万，农村网民规模不断扩大。我国农村地区互联网普及率达到 46.2%，较 2018 年年底提升

7.8 个百分点，较 2012 年翻了一番。随着我国"电信普遍服务试点"项目深入实施，广大农民群众逐步跟上互联网的步伐，同步享受信息社会的便利（图 1-22、图 1-23）。

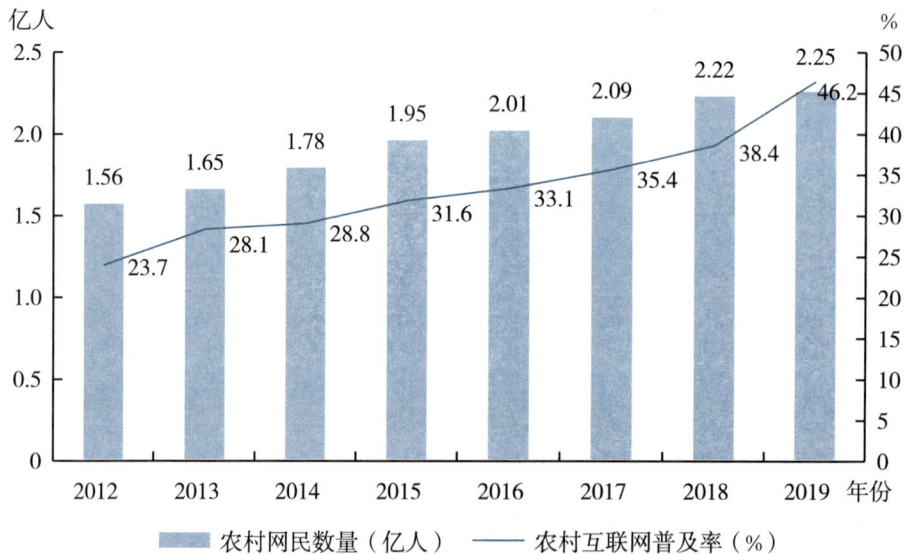

图 1-22　2012—2019 年我国农村网民规模及互联网普及率

数据来源：中国农村互联网调查报告。

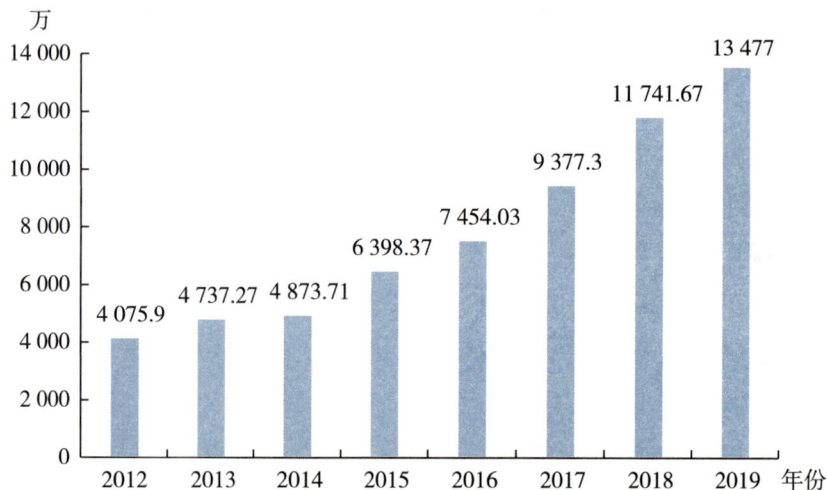

图 1-23　2012—2019 年全国农村宽带接入用户数

数据来源：国家统计局。

进一步推进农村危房改造进程。一方面，完成存量任务。2019年，住房和城乡建设部会同国务院扶贫开发领导小组办公室、民政部、中国残疾人联合会组织各地核实确认，将 2020 年需完成的64.2 万户建档立卡贫困户存量危房改造任务，71 万户低保户、农村分散供养特困人员和贫困残疾人家庭存量危房改造任务全部纳入农村危房改造范围。另一方面，增强督导激励。2019 年，住房和城乡建设部、财政部印发《关于印发农村危房改造激励措施实施办法的通知》（建村〔2019〕15 号），由中央财政按照每个激励对象 500 万元的标准增加安排其所在省区市的补助资金，相关省、自治区、直辖市应对激励对象给予相应奖励，支持其优先完成四类重点对象危房改造。同时，中央财政在测算安排农村危房改造补助资金时，已将对"三区三州"等深度贫困地区四类重点对象危房改造任务的补助标准在全国户均 14 000 元的基础上、每户单独提高 2 000 元，并将"三区三州"等深度贫困地区其他农户的存量危房按照户均 10 000 元的补助标准一并纳入支持范围。

# 三、农村社会事业发展面临的问题与挑战

2019 年我国农村社会事业发展迈上新的台阶，农民群众的幸福感、获得感持续提高，但与城市相比，农村基础设施建设和社会事业发展依然滞后，饮水安全问题尚未完全解决，环境脏乱差问题仍较大范围存在，医疗卫生和社会保障等公共服务质量水平亟待提高，总体上农村社会事业发展与农民群众对美好生活的需要还有一定差距，补短板任务仍十分艰巨。

## （一）城乡教育发展差距有待进一步缩小

2019 年，我国农村教育在进一步发展的同时，仍然存在一些问题值得关注，包括县域义务教育基本均衡尚未全面实现，城乡教

育仍存在一定差距，区域之间教育发展水平仍不平衡等。

**1. 普惠性学前教育仍是突出短板**

2019 年，我国农村学前教育仍面临诸多问题。这些问题主要表现在：学前教育资源供给不均衡、农村幼儿园数量偏少，城乡之间、公办与民办之间发展失衡等方面。由于底子薄、欠账多等原因，学前教育仍是我国农村教育的最薄弱环节，普惠性资源短缺，成本分担机制不完善。2019 年我国农村地区幼儿园总数达到了9.86 万所，比上年度增加了 4.93%，但是绝对数量仍然远低于城镇地区，只占城镇地区幼儿园总量的 54%。同时，除乡镇中心幼儿园外，全国大多乡村幼儿园只有"公办"园舍，没有"公办"经费和"公办"老师，发展不充分问题突出。

**2. 乡村教师队伍建设仍有待加强**

城乡教师队伍不仅在师资数量上仍然存在巨大差距，在学科配置和教师教学能力上也存在显著差异。贫困地区农村小规模学校、教学点师资不足，优秀教师进不来、留不住的问题仍普遍存在。2019 年全国城镇地区义务教育阶段（包括小学和初中）专任教师总量约 700 万人，农村地区约 220 万人，只占城镇地区的 32%。另外，据《2019 年全国义务教育均衡发展督导评估工作报告》显示，在 35 个基本均衡实地核查县中，有 25 个县不同程度缺少音乐、体育、美术、英语、科学、信息技术等学科的教师，共缺 2 095 名。同时，个别县教师培训经费未达到规定比例要求，农村教师新课程、新教材、新方法、新技术培训不够普及和深入，许多农村教师适应新课程能力不足。

**3. 普通高中教育发展仍面临困难**

由于自然、历史、社会等多方面原因，我国部分地区经济社会发展还相对滞后，教育基础差，保障能力弱，特别是边远、贫困、民族地区的农村还存在优秀教师少、优质资源不足、教育质量总体不高等困难和问题。长期以来，我国教育投入的重点是义务教育和

高等教育，对普通高中教育投入较少，财政保障力度不够。截至
2019 年，云南、西藏和贵州 3 个省份高中阶段教育普及攻坚目标
还未达到 90%，有 10 个省份生均公用经费标准未达到 1 000 元。
另外，中西部农村地区大班额问题也比较突出，2019 年中部和西
部大班额比例分别为 25.4%、28.48%，超大班额比例分别为
5.64%、8.06%。部分地区高中学校布局结构不合理，高中阶段过
度集中在城市，导致农村地区资源较少，在师资、校舍和经费投入
等方面都存在一定缺口。

### 4. 职业教育定位不清问题仍然突出

2019 年，国家进一步加大对职业教育的资金投入力度，但是
农村职业教育仍然存在定位不清的问题，特别是农村职业教育对乡
村振兴战略的支撑作用仍然没有充分发挥。虽然发展农村职业教育
有助于农村贫困人口获取知识，提升技术技能，提高贫困人口就业
创业能力，并带动农村产业就业结构升级，但是目前农村职业教育
仍然存在"普教化""去农化"及生源范围有限等问题。

## （二）农村医疗卫生服务质量需进一步提升

随着农村医疗卫生资源供给水平不断提高，其充足性得到基本
保障，但是依然面临着保障水平不高、服务效率低下等问题。同
时，新冠疫情的出现也给农村公共卫生应急管理体系建设提出新挑
战，农村基层医疗卫生服务质量有待进一步提升。

### 1. 乡村医疗卫生服务体系有待健全

乡村医疗卫生人才队伍建设仍然是短板，城乡医务人员配置水
平仍然差异巨大。长期以来，受城乡二元结构体制的影响，我国城
乡医疗资源配置不均衡，农村地区医疗资源短缺比较严重。数据
显示，农村卫生机构数由 2012 年的 811 262 所下降至 2018 年的
801 359 所，累计下降 1.2%。此外，农村卫生人员短缺现象尤为
明显，截至 2019 年末，全国 53.3 万个行政村仅有执业（助理）医

师 43.5 万人。从占比来看，2019 年全国卫生人员总数达 1 292.8 万人，其中乡村医生和卫生员 84.2 万人，占比仅为 6.5%，同比下降 0.9%。另有数据显示，近 1/4 的乡村医生超过 60 岁，35 岁以下的乡村医生仅占 9%。从城乡对比看，农村地区每千人口卫生技术人员数仅为城市的 44.8%，每千人口执业（助理）医师数仅为城市的 47.9%。城乡执业（助理）医师比、卫生技术人员比、注册护士比长期维持在 2 倍以上。目前，乡镇卫生院人员编制仍沿用 2010 年的标准，即每千服务人口配备 1 名医务人员。由于编制管理滞后，基层缺乏用人自主权、医务人员发展受限等原因，农村卫生人才向城市、向上级医疗机构流动现象严重，乡村医生队伍能力整体偏弱。农村卫生厕所建设方面，至少 80% 的村民认为厕所本来就是脏的且没必要进行改建，原改厕模式效果不佳。农村疫情防控能力建设方面，由于基础设施落后，一些农村地区防控检测设备严重短缺，检测技术有限，同时受基层医疗机构医疗条件限制，很多地方难以实现预检分诊，降低了农村疫情防控能力。

**2. 重治轻防的问题需要高度重视**

由于地方配套政策不够，补偿机制不健全，加之管理松散导致农村基层公共卫生服务水平较低。2019 年，全国各地继续加大医疗卫生资源投入力度，进一步改善农村医疗服务供给状况，但是重治疗、轻预防的倾向仍然十分明显。目前，我国农村慢性病和传染病的防治压力要远远大于城市。开展慢性病防治工作面临的最大困难是"重治轻防"的观念还没有完全改变，存在慢性病防治经费总体投入不足、群众对个人健康的重视程度不高、各级疾病预防控制机构慢性病防治人员紧缺及业务能力不强等问题。

**3. 县域医共体建设有待健全**

2019 年县域医共体建设取得初步成效，基层卫生机构服务能力得到有效提升，但是除了试点县之外的全国大多数县域仍处在医共体建设起步阶段，全国范围内医共体建设有待全面展开，总体水平有待提高。同时，在县域医共体建设中，虽然牵头医院掌握的资源、权限和权利有所增加，但也因此进一步放大了"虹吸效应"的风险，因此需要在县域医共体建设过程中充分发挥牵头医院推动优质医疗资源下沉的作用。

### 4. 农村医疗卫生服务能力亟待提升

随着农村经济发展水平提高和农村老龄化程度加剧，农民对农村医疗卫生服务需求更加多样化。近年来，农村高血压、糖尿病等慢性病患者和老年病患者大量增加，对农村医疗卫生服务提出了很大挑战，很多农村地区现有医疗卫生服务总体上还是能力弱、质量差、体系不健全，很难满足广大农民群众日益增长的卫生服务需要。

## （三）农村社会保障体系仍然存在薄弱环节

农村社会保障体系在保基本民生、维护社会稳定发面发挥着重要作用。然而目前我国社会保障体系还很不完善，存在养老服务供需失衡、农民工参保率低等一系列亟待解决的问题。

### 1. 农村养老服务有待加强

受农村地区地域范围广、基础设施薄弱以及传统观念浓厚等多重因素影响，农村养老缺乏成熟稳定的盈利预期和供给模式。乡镇敬老院作为农村养老服务主要设施，原定位为农村特困人员供养服务机构，普遍建设标准低，体量小，配套不齐全，改造提升所需资金较大。一些村级互助养老服务设施设备落后，功能单一，养老服务作用大幅弱化。据国家统计局数据显示，2019年底，中国65岁以上人口占总人口比例为12.6%。而在农村地区老年人口比重更大，养老服务和社会保障需求也更高。从目前看，农村养老保障和社会服务的供给仍然存在巨大缺口。2019年，农村基本养老金从十年前每人每月55元提高到每人每月160元，而农村居民人均消费支出每月超过1 000元。同时，农村市场化社会化养老服务供给不足，既缺乏市场主体参与农村养老事业，又缺乏相应的法律法规对农村市场化社会化养老服务进行规范、引导和扶持。

**2. 农村社会保障体系有待完善**

当前，我国社会保障体系建设还有待进一步加强。目前，全国19个省份实现省内地区之间企业养老保险基金统收统支，省际之间基金结余差异大，结构性矛盾凸显，其他社会保险统筹层次还有待提高。社保基金面临的支出压力和贬值风险不小，缴费年限与领取年限不平衡，中长期支付的压力较大，基金隐性贬值问题、不可持续发展的风险持续存在。在社保经办管理服务方面，目前社保服务"窗口"过多，服务信息化、标准化、专业化水平尚待提高，社保关系转移接续不够顺畅，社会风险防控体系有待加强。农村地区特别是深度贫困地区就业创业服务力量薄弱，服务能力有待提升，大部分农村地区只能提供岗位信息发布、求职登记等基础服务。

**3. 农村社会救助发展水平不高**

数据显示，农村低保标准增长速度快于城市地区，但是就绝对标准而言，城乡低保差异仍然非常明显。2019年农村低保标准为5 247元/（人·年），而城市低保标准为7 404元/（人·年），农村低保标准仅占城市低保标准的71%。同时，农村社会救助效能有待提高，存在救助资源分散、信息共享不足、申请审批周期长等诸多问题，一些救助工作存在交叉救助、重复救助、遗漏救助以及救助不及时等现象。

**4. 农民工社会保障亟待持续加强**

农民工作为流动群体，其社保问题一直是现有社会保障工作的难点。据统计，全国农民工总数2.9亿人，其中参加企业职工基本养老、工伤、失业保险人数分别只有6 301万人、8 616万人、4 957万人，参保比例显著偏低。农民工在异地还不能享受平等就业创业服务。在住房保障方面，2019年，进城农民工人均居住面积 20.4 平方米，比上年提高 0.2 平方米，但与同城镇人均居住面积相比仍然差距巨大。根据国家统计数据显示，截至 2018 年底，我国城镇人均居住面积达到了 39 平方米。在子女教育保障方面，农民工随迁子女教育问题仍然有待解决，并且突出体现在上学升学难、费用成本高等方面。根据国家统计局《2019 年农民工监测调查报告》，50.9％的农民工反映随迁子女在城市上学面临一些问题，其中，反映随迁子女义务教育阶段升学难、费用高的农民工所占比重较高，分别为 34.2％和 28.9％，分别比上年提高 7.5 和 1.7 个百分点；反映随迁子女无法在本地参加高考的农民工所占比重增加明显，比上年提高 4.3％至 14.3％；分地域看，东部地区农民工反映随迁子女存在升学难、费用高、无法在本地参加高考问题，所占比重分别为 44.9％、30.1％和 21.3％，分别比 2018 年提高 14.1、3.6 和 7.8 个百分点，显著高于其他地区。

**5. 农村残疾人民生保障水平还比较低**

目前，城乡残疾人社会保障差距依然明显。近年来，农村残疾人口持续增长，一户多残、老残一体、孤残重残等困难残疾人家庭不断增多。据中国残联对全国 1 万户残疾人家庭收入的调查显示，农村残疾人年均社会救助和政策性补贴不足城镇的 85％。整体来看，农村地区普遍存在残疾人基本公共服务供给总量不足、质量效益还有待提高等问题。比如农村残疾人就业岗位少、待遇低，就业保护、就业促进和就业服务制度不健全，职业技能培训和就业服务还有待提升，无法满足农村残疾群体的社会需求。在解决绝对贫困之后，农村残疾人的相对贫困问题仍将长期存在。

## （四）农村文化体育服务有待优化

提高农村文化体育服务水平是全面建成小康社会的重要内容。但是目前我国农村文化体育服务均等化程度有待提高，基层公共文化服务品质有待提升，特别是存在村级文化体育设施管理和运行经费短缺、农村文化资源保护不力等问题。

**1. 文体设施等"硬件"依然短缺**

近年来，农村文体设施不断改善，但仍然存在文化体育场馆设施简陋，服务功能不全，服务能力较弱等硬件问题。比如有些乡镇文化站有室无人，常年关闭，有些文化站仅有几张桌子，有些农家书屋常年蒙尘，几成摆设。在公共体育健身设施方面，农村现有健身设施有关标准和配置要求需要进一步细化，西部贫困地区不少行政村还没有任何健身设施和器材，已经建好的设施和器材也亟需更新维修和提档升级，一些体育建设器材类型单一、民族和地域特色体现不够，难以满足农民群众日益增长的多元化需求。截至2019年底，全国尚有5万余个行政村未建有健身设施。

**2. 文化人才等"软件"配置不足**

除了硬件设施不足以外，农村文化人才短缺、文化组织缺失的问题也不容忽视。由于缺乏专业人员指导，导致文体设施有效利用不足，难以充分满足农民的精神文化生活需要。特别是，当前我国农村文化人才引进、评价、管理、流动和晋升等方面的管理制度缺失，出现农村文化人才薪资报酬较低，岗位晋升渠道不畅和人才培训机制不健全等问题，制约了农村文体服务供给能力的提升。农村基本公共体育服务方面，农村健身设施有关标准和配置要求需要进一步细化，群众体育赛事活动开展有待改进。

**3. 乡村文体活动质量有待改善**

目前全国大部分地区制定了文化站服务清单，很多农村地区建有综合性文化服务站，畅通了优质文化资源输送到乡村的渠道。但从目前看，乡村文体活动质量还有待提升，群众体育赛事活动开展也有待改进，现有的一些文体活动不能很好地适应不同村庄的发展特点，难以满足不同年龄层次群众的文化需求，特别是针对留守儿童、农村老人等特殊群体开展的文体活动还有待进一步丰富完善。提升乡风文明，需要进一步创新文体活动形式，让农村文化站、农家书屋建设更加"接地气""聚人气"。

### 4. 农村文化资源保护不力

乡村建设与文化遗产保护的"新""旧"关系没有处理好。历史文化遗产保护的法律法规尚不健全，村民对于古建筑和历史遗迹的保护意识比较淡漠，仍然存在着农村古建筑被拆毁买卖的现象。有些地方急于发展经济，打着保护的旗号搞重建，古村落的历史痕迹和文化韵味被现代工艺所取代，对乡村文化遗产造成毁灭性破坏。

## （五）农村人居环境整治仍需综合施策

农村人居环境整治是一项复杂的系统工程，其涉及面广、整治难度大，需要政策保障，也需要进一步创新机制。

### 1. 工作推进机制有待完善

从目前看，有些地方对当地农村人居环境整治缺乏科学分析与严格论证，导致简单压指标下任务；有的地方工作计划缺乏统筹衔接，工作方式方法简单，强行把村民自建的旱厕全部拆除，但新厕所却迟迟不开工；有的只注重数量、一味赶进度，对改厕和其他工程建设的产品和全程质量控制把关不严，导致不好用或使用不久就出现故障。

### 2. 资金投入缺口大

农村人居环境整治底子薄、欠账多、公益性强，设施建设资金需求量大，后期运行管护还需持续支出，而金融支持和社会资本参与意愿不强。对政府来说，近年来许多地方财政增收渠道少、支出压力大，不少地方还是"吃饭财政"，财政投入压力较大。对广大农民来说，一部分是刚刚脱贫不久、自身投入有难度，也有部分虽有一定的投入能力、但思想认识还不到位，不愿投入。

### 3. 技术和人才支撑不足

在技术产品研发方面，由于缺乏历史积累，农村人居环境整治相关科技研发工作滞后，技术和产品针对性、适用性不强，特别对于干旱、寒冷等特殊条件地区缺乏适宜技术产品。在技术模式选择方面，有的地方简单套用城市环境治理的技术模式，成本高，"水土不服"；有的照搬照抄其他地方做法，没有因地制宜进行技术改良；有的不顾客观条件一种技术模式套到底；有的新技术新产品未经过试验示范就大范围推开。在人员队伍方面，农村人居环境整治领域规划、施工、管理等专业技术力量缺乏。地方整治工作普遍面临人少事多的困难，队伍体系不健全，人员素质能力还不能完全适应工作需要。

### 4. 长效机制不健全

目前，我国相当一部分地方在工作推进、宣传发动、资金投入、运营管护、社会参与、责任落实、督促检查等方面机制建设才刚刚开始，仅限于应付眼前工作、完成短期目标任务，对打基础、管长远的机制建设重视不够。有的地方注重解决当前整治中存在的问题，没有从根本上找原因，没有从机制上提出长久之策，导致一些整治工作出现反复。还有的地方没有充分激发村民参与环境整治的内生动力，一度出现"干部干、群众看"的局面。

## 四、未来农村社会事业发展的重点任务和政策趋向

农村社会事业发展关乎民生，连接民心，是提高人民生活水平，增进人民福祉的关键抓手。习近平总书记指出，"小康不小康，关键看老乡"。迈向全面小康社会，必须抢抓机遇，以农民生产生活需求为中心，不断加大农村社会事业发展投入，按照"补短板、强弱项、提质量"的要求，着力解决公共服务供给不足、质量不高、发展不均衡等突出问题，满足群众多层次多样化需求，助力开创乡村振兴新局面。

## （一）对标全面小康社会目标，加快发展农村社会事业

党的十九届四中全会提出，要坚持和完善统筹城乡的民生保障制度，满足人民日益增长的美好生活需要。在这个过程中，必须健全幼有所育、学有所教、劳有所得、病有所医、老有所养、住有所居、弱有所扶等方面国家基本公共服务制度体系，注重加强普惠性、基础性、兜底性民生建设，保障群众基本生活。满足人民多层次多样化需求，使改革发展成果更多更公平惠及全体人民。2019年，我国农村社会事业发展取得积极成效，也存在一些问题。下一阶段的关键应该是对标全面建成小康社会的目标任务，扎实补齐农村社会事业发展各个方面的短板，健全完善基本公共服务标准体系，为推动城乡基本公共服务均等化提供坚实制度保障。

农村公共基础设施方面。主要是推动"四好农村路"示范创建提质扩面，有序推进较大人口规模自然村（组）等通硬化路建设，支持村内道路建设和改造，强化城乡间公交连接，推进城市公共交通线路向城镇周边延伸，逐步实现城乡公交一体化。全面完成农村饮水安全巩固提升工程任务，有条件的地区推进城乡供水一体化。推动加快完成"三区三州"和抵边村寨电网升级改造计划任务，推动基本实现行政村光纤网络和第四代移动通信网络普遍覆盖。深化农村公共基础设施管护体制改革，推动落实管护责任，将应由政府承担的管护费用纳入政府预算，并向贫困地区、少数民族地区、革命老区、边境地区等倾斜。

农村人居环境整治方面。全面完成农村人居环境整治三年行动目标任务。扎实推进厕所革命，加大对农村改厕率较低的一、二类县的督导力度。统筹推进农村生活垃圾污水治理等任务。强化部门协调、综合施策，坚持"源头减量、过程控制、末端治理"相结合，全面推进农村生活垃圾治理，梯次推进生活污水治理，广泛开

展村庄清洁行动，积极探索适合农村实际的治理模式，不断提升治理和资源综合利用水平。组织各地以县为单位对三年行动实施情况进行验收，开展农村人居环境整治检查，抓好问题整改。

农村教育方面。全面加强乡村小规模学校和乡镇寄宿制学校建设，继续扩大普通高中教育资源，把农村特殊教育放在更重要的位置，切实保障广大农村学生享受公平而有质量的教育。硬件上，指导各地结合本地人口分布、地理特征、交通资源、城镇化进程和学龄人口流动、变化趋势，统筹乡村小规模学校、乡镇寄宿制学校和乡村完全小学布局，改善农村办学条件，开展乡村温馨校园创建，着力补上农村学前教育突出短板，持续提升农村学校教育质量。软件上，加强乡村学校教师队伍建设，落实教师管理、工资待遇、职称评定、住房保障等政策，通过输送免费教育资源、加强课程教材专项培训、推广优秀教学成果等方式，帮助农村学校提升教育质量。

农村基层医疗卫生服务方面。加大财政投入力度，持续引导优质医疗资源下沉。在建好县乡村三级医疗卫生机构、消除医疗服务空白点的同时，重点加强乡镇卫生院医务人员与乡村医生队伍建设，简化乡村医生招聘程序，支持高校医学毕业生到中西部地区和艰苦边远地区乡村工作，乡镇卫生院优先聘用符合条件的村医，改善乡镇卫生院医疗条件，吸引优秀医务人员到乡镇卫生院任职，提高基本公共卫生服务补助政策效率，提供基础性全方位全周期的健康管理服务，全面提升农村公共卫生和基本医疗服务水平。加大城市卫生支援农村力度，选派优秀医师到县级医院和乡镇卫生院开展医疗服务和技术培训，积极推动农村卫生人员培训项目。推动县域综合医改，建设紧密型县域医共体，完善相关管理体制和运行机制，全面开展社区医院建设。推进基本公共卫生服务均等化，在农村地区开展高血压、糖尿病医防融合试点。支持老年健康和医养结合工作，加强农村地区健康服务能力建设。

农村社会保障方面。主要是进一步编密织牢农村困难群众基本生活保障网，适当提高城乡居民基本医疗保险财政补助和个人缴费标准，加强农村低保对象动态精准管理，完善特困人员认定条件，进一步完善临时救助制度，合理提高社会救助水平，加快完善农村养老服务设施和站点，健全居家养老服务保障体系，大力发展农村互助式养老服务，加强农村基层儿童关爱服务力量，以扶老、助残、爱幼、济困为重点，构建新型社会福利体系，加强农村留守儿童、妇女、老年人、残疾人关爱服务，将残疾人普遍纳入社会保障体系予以保障和扶持，提高农村残疾人社会参与和自我发展能力。按照全方位服务要求，实行城乡统筹的公共就业服务制度，实施基层服务能力提升计划，逐步缩小城乡差距，推进服务全面覆盖农村常住人口。

乡村公共文体服务方面。主要是保障农民的基本文化权益，提升农村公共文化服务能力，推动基层公共文化服务优质均衡发展；扩大乡村文化惠民工程覆盖面，鼓励送文化下乡，实施乡村文化人才培养工程等，加快推动公共数字文化工程在基层统筹整合；推动文明乡风成风化俗，办好中国农民丰收节；完善基本公共体育服务等标准，支持农村健身设施建设，扶持民族民俗民间传统和乡村农味农趣运动项目，积极培育农村体育组织，大力发展群众性体育活动。

## （二）加强顶层设计，优化社会事业管理体制

明确农村社会事业任务重点，逐步由"全面撒网"转向"精准清零"。从解决"老少边穷"地区农民群众最关心、最直接、最现实的利益问题入手，根据短板弱项及其不同程度，设置轻重缓急任务清单，精准施策，确保补齐到位。加大农村厕所改造和生活污水处理推进进度，如期完成农村人居环境整治三年行动方案任务。重视农村养老、医疗服务的改进提升，加快推进城乡公共服务一体化

水平。整体推进水电路气房网建设，特别注重推进农村互联网的普及。高度重视提高农业科技支撑能力，进一步夯实农业生产基础，建立粮食供需预警监测机制，确保国家粮食安全。促进农民就业创业，多措并举持续增加农民收入。保持政策稳定，攻坚克难攻克堡垒，高质量完成脱贫攻坚目标任务。

坚持因地制宜，注重分类施策。我国地域辽阔，各地情况千差万别，不同区域、省份、地市甚至县域、村庄的短板和问题都有所差异，各地要对照自己的短板，根据不同领域和项目的不同情况，统筹协调，分类指导，突出重点，满足不同地区农民的现实需求。东部地区重在完善公共服务供给，引导优化农村居民消费结构，进一步提升农村居民生活水平。中部地区重在提升城乡服务一体化水平，努力完成农村人居环境整治任务，促进农村基础设施提档升级。西部地区要在农业农村领域的各个方面同时发力，着力补上短板。同时，要顺应乡村分化发展大趋势，重点向条件基础好、发展潜力大、人口集聚能力强的村庄布局，确保服务机构和设施全覆盖。对于村庄分布相对密集的平原地区，要充分发挥县城和中心镇的支点作用，重点加强县城、中心镇公共服务资源投入力度，提高县城、中心镇公共服务能力。

完善体制机制，强化要素保障。公共财政更大力度向农村公共服务倾斜，确保投入力度不断增强、总量持续增加，加快补足农村基本公共服务历史欠账。深入推进涉农资金整合，支持地方结合硬任务统筹安排资金，提高省级部门统筹使用资金的能力和空间。推动债券融资向"三农"倾斜，明确地方一般债支出用于补"三农"短板的要求。特别国债的使用要向"三农"领域倾斜，支持地方发行乡村振兴专项债，提高土地出让收入用于农村社会事业比例。引导支持城市资本参与农村养老托幼、文化教育、卫生医疗等生活性服务业发展，以连锁经营等多种方式在农村开办服务网点。

## （三）加强村级公共服务平台建设，提高农村公共服务供给能力

村级公共服务平台是促进城乡基本公共服务均等化、缩小城乡差距和加快推进乡村振兴战略实施的重要载体。在建设过程中，应按照规范化和标准化建设的要求，以优化服务、方便群众、提高效能为目标，统筹推进和拓展农村公共服务领域，整合人力、物力、财力，落实均等化目标，实现有效服务、高效服务。

建立统筹协调机制，强化规划统筹、资源统筹、数据统筹和服务统筹，从机构组织、软硬件设施、内部配套建设上推进标准化、规范化建设，达到井然有序、协调高效的目的。创新监督管理机制，不断建立健全民主监督制度，畅通社区参与渠道，建立责任追究机制。完善运行维护机制，加强人员的选聘、教育培训工作，探索多元服务模式，建立健全运行保障机制。

创新村级公共服务平台资金投入机制。建立健全公共财政、村级组织、社会力量对平台建设发展的多元投入机制，逐步提高基本公共服务支出所占比重。发挥政府投资带动作用，通过以奖代补、先建后补、以物抵资等多种方式以及捐助、共建、投资等多种形式，撬动社会资源投入，支持平台建设，弥补资金不足。鼓励各地建立投入资金逐年增长的长效保障机制，防止已建成的村级公共服务平台因缺少资金运营维护管理而难以充分发挥作用。

## （四）拓展资金供给渠道，创新多元主体参与方式

拓宽农村公共服务供给资金渠道。从政府层面来看，进一步完善财政转移支付制度，从中央到地方要明确各级政府的职责和事权，确定标准的收支概念，保障地方政府能为农村提供最基本的公共服务资金。在转移支付资金的结构安排上要以一般性转移支付为主，专项转移支付为辅，满足地方政府履行公共服务供给能力的需

要。从市场层面来看，建立健全市场筹集公共服务供给资金的渠道。公共服务供给涉及面较广，与人民的生活息息相关，具有较强的融资吸引力。政府可以通过发行相关公共服务债券吸引市场资本投入到公共服务资金融资中来。通过对企业税收减免，鼓励企业结对扶植农村公共服务建设，促进企业对农村公共服务供给的投入。从社会层面来看，要拓宽社会化融资渠道，充分发挥农村乡贤、乡村能人回馈家乡的优势，吸引社会人士对农村公共服务建设捐款与投资，弥补地方政府对农村公共服务供给资金短缺的困境。

创新多元供给主体参与方式。针对农民日益增长的公共服务高质量与多样化需求，需要政府、市场、社会组织等公共服务供给主体联合起来集聚公共服务供给资源，充分发挥各自优势，促进公共服务供给优势互补，实现农村公共服务高质量、高效率的供给。要充分发挥市场在农村公共服务供给资源配置中的重要作用，提高公共服务供给资源的利用率，激活社会组织参与农村公共服务供给的积极性。

## （五）以信息化建设为抓手，推动农村公共服务供给优化升级

利用网络资源、云计算、互联网、智能技术等新技术，通过在线联网、数据统计、定向服务等措施，将线下和线上服务结合起来，实现个性化公共服务的"锚定"。充分利用大数据匹配公共服务供需信息，建立乡镇公共服务信息平台，整合各村的信息资料，明确各村现有的公共服务及其使用状态。通过独立服务、在线跟踪等方式快速获取信息，实现资源整合和信息快速处理，使公共服务更具"服务性"。通过信息平台，实现政府与农民公共服务供需双向互动，解决农民公共服务参与不足的实际问题，降低服务门槛，探索在山区、草原、岛屿等地广人稀、居住分散地区开展流动服务

机制，通过巡回服务、流动服务或建设小而全的复合式公共服务网点等方式，依托技术手段和供给模式创新，把农民群众最关心、最需要的服务送上门，使农村公共服务更加低成本、透明化，实现农村公共服务的精准供给。

建立农村公共服务全过程的追踪与反馈，避免供需信息差异，实现农村公共服务供给的对象精准、人群精准。政府通过资源整合和共享，完成信息交互并及时更新数据，结合跨部门合作，完善大数据条件下的公共服务供需耦合机制，为实现公共服务供给的精准化提供基础支撑。

## 第二篇

**农村社会事业发展专题研究报告**

## 专题一 农村公共卫生和医疗服务事业发展研究报告

农村公共卫生和医疗服务事业是重大民生工程，是保障亿万农民健康的第一道防线，也是实现乡村振兴的重要保障。2019 年，我国乡村常住人口仍有 5.52 亿，促进农村公共卫生和医疗服务事业快速发展，尽快补上农村公共卫生体系建设短板仍是当务之急。

## 一、农村公共卫生服务发展现状

2009 年 3 月 17 日，中共中央、国务院发布《关于深化医药卫生体制改革的意见》（也被称为"新医改"），提出了切实缓解看病难、看病贵的五项重点改革措施和建立健全覆盖城乡居民的基本医疗卫生制度的长远目标。随后，国家启动了基本公共卫生服务项目，针对居民的主要健康问题，以儿童、孕产妇、老年人、慢性疾病患者为重点人群开展基本公共卫生服务。2012 年党的十八届三中全会进一步提出，继续深化基层医疗卫生机构综合改革，健全网络化基层医疗卫生服务的运行机制，落实政府责任，完善合理分级诊疗模式，并提出建立社区医生和居民的契约服务关系。随着基本医疗卫生制度的建立，以及基层卫生综合改革和县级公立医院改革的加快，我国公共卫生事业整体上得到加强，但城乡之间差距仍然较大，农村依然是公共卫生事业的短板。

## （一）农村专业公共卫生机构减少，人员不足且结构亟待优化

公共卫生机构的主要职责包括对重大疾病尤其是传染病（如结核、艾滋病、SARS、新冠肺炎等）的预防、监控和治疗，对食品、药品、公共环境卫生的监督管制，以及相关的卫生宣传、健康教育、免疫接种等公共卫生服务。过去十年，随着新医改的深入推进，我国公共卫生服务体系得到了巩固和提升，但农村地区公共卫生机构[①]发展仍然十分薄弱。

首先，农村各类专业公共卫生机构数量呈减少趋势。2010—2018 年我国农村专业公共卫生机构的数量呈现"过山车"式变化（图 2-1）。2018 年农村专业公共卫生机构为 11 735 个，比 2010 年的 7 326 个增加了 60.1%，但数量增长的主要原因是"计划生育技

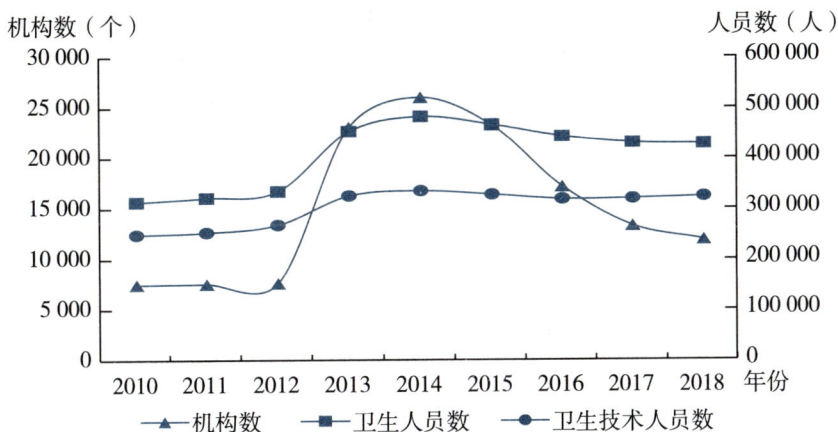

图 2-1 2010—2018 年农村公共卫生机构、卫生人员和卫生技术人员数

数据来源：中国卫生健康统计年鉴。

---

① 专业公共卫生机构包括疾病预防控制中心、专科疾病防治机构、妇幼保健机构、卫生监督所（中心），2016 年前包含计划生育技术服务机构。

术服务机构"相关统计口径及数量的变化。2010 年农村专业公共卫生机构数量为 7 326 个，2013 年在统计口径中增加了计划生育技术服务机构，使得机构数量猛增为 22 896 个，其中农村计划生育技术服务机构数 15 889 个，占比 69.4%；而在 2016 年全面二胎政策放开后，计划生育技术服务机构锐减，当年该指标就减少为 10 327 个，2017 年为 6 522 个，2018 年进一步减少为 5 194 个，直接导致了专业公共卫生机构数量逐年减少。

剔除农村计划生育技术服务机构，2010—2018 年农村地区主要的公共卫生机构数均呈现先上升后持续减少趋势。如图 2-2 所示，专科疾病防治机构从 2010 年的 780 个增长到 2011 年的 804 个，后又减少至 2018 年的 701 个，降幅为 10.1%；疾病预防控制中心由 2010 年的 2 243 个增加至 2014 年的 2 247 个，随后减少至 2018 年的 2 097 个，9 年间减少 150 个；妇幼保健院从 2010 年的 1 983 个增长至 2013 年的 2 048 个，随后下降至 2018 年的 1 914 个，9 年间减少 134 个；卫生监督所（中心）由 2010 年的 1 936 个增加至 2012 年的 1 985 个，随后减少至 2018 年的 1 829 个，9 年间减少 156 个。整体上看，各类农村公共卫生机构数量均呈现下降的趋势。

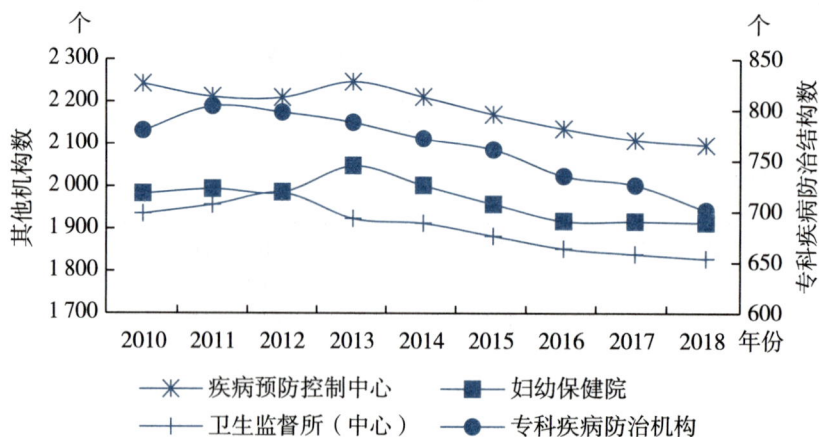

图 2-2  2010—2018 年农村公共卫生机构数分类统计图

数据来源：中国卫生健康统计年鉴。

　　其次，农村专业公共卫生技术人员数量先增后减。如图 2-3 所示，2010 年农村专业公共卫生机构的卫生人员数为 31.03 万人，其中卫生技术人员占比 79%。2013 年这两类人员总数都有了较大增长，当年农村专业公共卫生机构的卫生人员数达到 44.95 万人，其中卫生技术人员占比降为 72%；2014 年卫生人员数和卫生技术人员数都达到了最高的 47.87 万人和 33.17 万人，卫生技术人员占比 69%，随后人员数量开始下降，2017 年后趋势平稳，2018 年卫生人员数下降为 42.41 万人，卫生技术人员数下降为 32.0 万人，卫生技术人员占比回升至 75%，但总体上看仍低于 2010 年的水平。

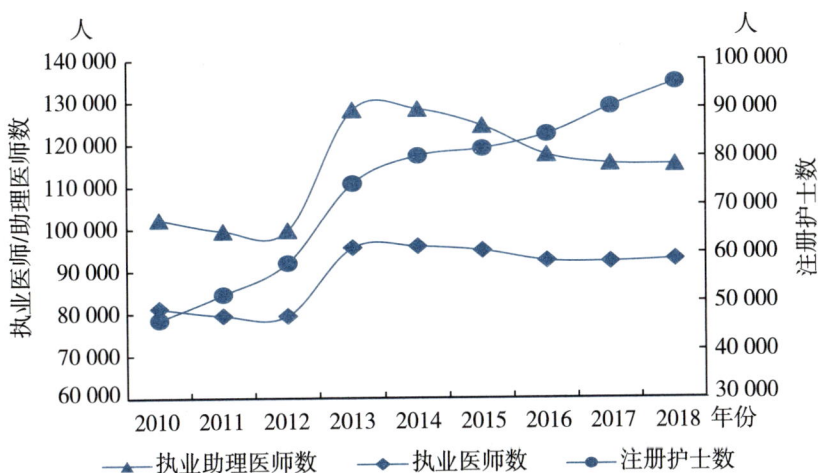

图 2-3　2010—2018 年农村公共卫生机构技术人员统计图

数据来源：中国卫生健康统计年鉴。

　　第三，农村高水平执业医师数比重较低且数量呈减少趋稳态势。从执业医师的数量占比来看，2010 年农村公共卫生执业医师数占执业医师、执业助理医师和注册护士三者总数的比重为 35.37%，且该比重从 2010 年持续下滑至 2018 年的 30.60%。从图 2-3 可以看出，2010—2018 年间，农村公共卫生注册护士数呈不断上升趋势，但执业医师数（含助理）呈双阶段下降趋势。

2010—2012 年间，农村公共卫生执业医师数和执业助理医师数均呈下降趋势，其中执业医师数由 2010 年的 8.13 万人减少至 2012 年的 7.96 万人，执业助理医师数由 2010 年的 10.23 万人减少至 2012 年的 9.97 万人。2013 年受统计口径影响指标数值有大幅上升，但 2013 年后两类指标又呈现下降趋势，其中执业医师数由 2013 年的 9.56 万人减少至 2018 年的 9.28 万人，减幅 3%；执业助理医师数由 2013 年的 12.81 万人减少至 2018 年的 11.52 万人，减幅 10%。在这三类人员中，只有农村公共卫生注册护士数一直呈上升趋势，2010 年注册护士数 4.63 万人，增加至 2018 年的 9.53 万人，增长了一倍多。

## （二）农村公共卫生发展水平有所提高，慢性疾病成为健康威胁主要因素

从 2018 年农村主要疾病死亡率来看（图 2-4），农村居民死亡率最高的疾病是心脏病，死亡率为 1.62‰；其次是脑血管疾病，

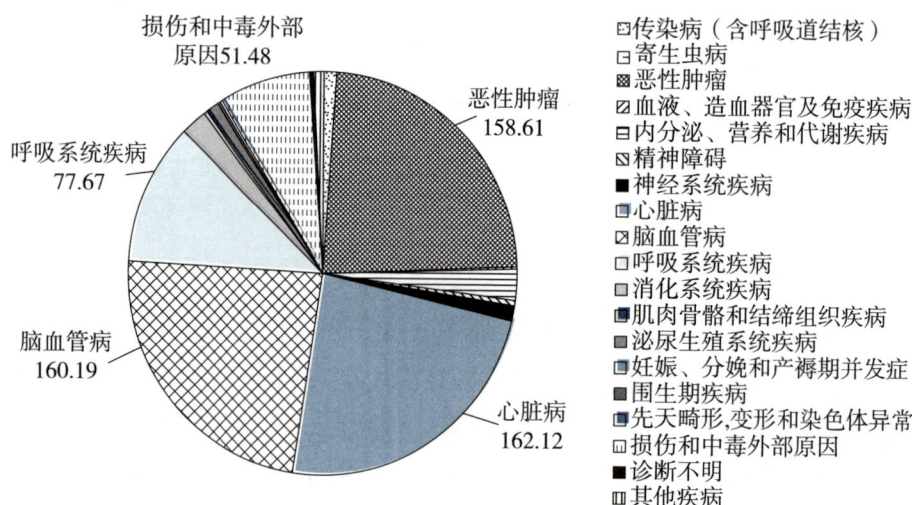

图 2-4　2018 年农村主要疾病死亡率（单位：1/10 万）

数据来源：国家卫生健康委。

死亡率为 1.60‰；排名第三的是恶性肿瘤，死亡率为 1.58‰；而过去威胁农村居民最严重的呼吸系统疾病已经排到了第四位，死亡率为 0.78‰；排名第五的是损伤和中毒等外部原因，死亡率为 0.51‰。从这些数据看，心脑血管等慢性疾病已经成为威胁农村居民健康最大的因素。这也意味着，从健康饮食、心脑血管疾病防控等知识宣传和普及着手，对于提高农村居民的自我健康管理水平至关重要。

从农村地区的妇幼健康情况看（图 2-5），2010 年以来全国、市级和县级层面的产妇住院分娩率都达到了近 100%的水平，而 2010 年前该指标还存在较大的差距。特别是 1985 年县级层面的产妇住院分娩率只有 36.4%，进入 2000 年县级住院分娩率也只有 65.2%，直到 2008 年县级产妇住院分娩率才达到 90%以上。这一方面反映出长期以来我国县级层面妇幼保健水平较低，另一方面也展现出新医改后基层在妇幼保健领域取得了积极成效。

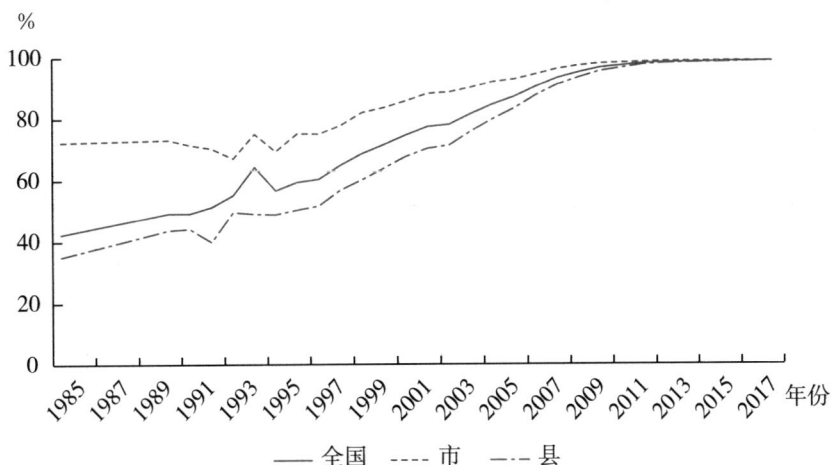

图 2-5 全国、市、县级产妇住院分娩率

数据来源：中国卫生健康统计年鉴。

### （三）城乡居民精神卫生状况出现分化，农村居民精神卫生状况亟需重视

《全国精神卫生工作规划（2015—2020年）》（以下简称《规划》）中指出，精神卫生是影响经济社会发展的重大公共卫生问题和社会问题。2002年世界卫生组织公布，精神疾病在中国疾病总负担中排名首位，约占全部疾病负担的17.5%，预计2020年将上升到25%。当前，人们对精神健康的认识和精神卫生服务的认知明显不足，精神疾病防治面临的形势日益严峻。

从城乡居民精神卫生状况来看，农村居民精神卫生状况在一定程度上好于城市居民。从城市精神障碍死亡人数占总死亡人数的比重来看，城市居民为0.47%，而农村居民为0.41%，比城市居民低0.6个百分点。在自我健康管理水平方面，《规划》中明确要求："普遍开展精神卫生宣传及心理卫生保健。城市、农村普通人群心理健康知识知晓率分别达到70%、50%。"有调查显示，城乡居民心理健康知识知晓率均已达到规划要求，但城乡居民心理健康知识的知晓率存在差异，城市略高于农村；与城市居民相比，农村居民对精神疾病的态度更不敏感。在农民心理健康教育和服务方面，《规划》将促进公众心理健康作为总体目标之一，并提出逐步建立各级精神卫生工作政府领导与部门协调机制，形成全国精神卫生防治体系和服务网络。截至2018年底，全国已登记在册严重精神障碍患者有599.4万人，但我国精神卫生服务资源短缺且分布不均。据2015年数据显示，全国共有精神卫生专业机构1 650家，精神科床位总量22.8万张，平均1.71张/万人口（全球平均4.36张/万人口），精神科医师2万多名，平均1.49名/10万人口（全球中高收入水平国家平均2.03名/10万人口）。这些精神卫生服务资源主要分布在省级和地市级，农村地区严重匮乏。这表明，我国精神卫生资源的配置极不均衡，城乡之间的差距较大，精神卫生保健需

求较高的农村人口服务供给短缺，农村居民的精神卫生状况不容
乐观。

## 二、农村医疗卫生服务发展现状

新医改以来，我国农村医疗卫生财政投入逐年增加，以县级医
疗卫生机构为龙头，乡镇卫生院为主体，村卫生室为基础的三级医
疗卫生服务体系不断健全。但数据显示，我国农村医疗卫生机构数
量不断减少，乡镇卫生院和村卫生室均面临人力结构和水平欠佳等
状况。

### （一）卫生机构数量不断减少，地区之间分布不平衡

改革开放以来，我国乡镇卫生院数量呈先波动后逐年减少趋
势。如图 2-6 所示，1985 年乡镇卫生院数量出现大幅下降，由
1984 年的 55 549 家骤降至 47 387 家，到 1993 年又降至这一时期
的最低点。原因可能在于，随着农村经济体制改革的推进以及农村
合作医疗制度的萎缩和停滞，乡镇卫生院数量逐年减少。而 1994

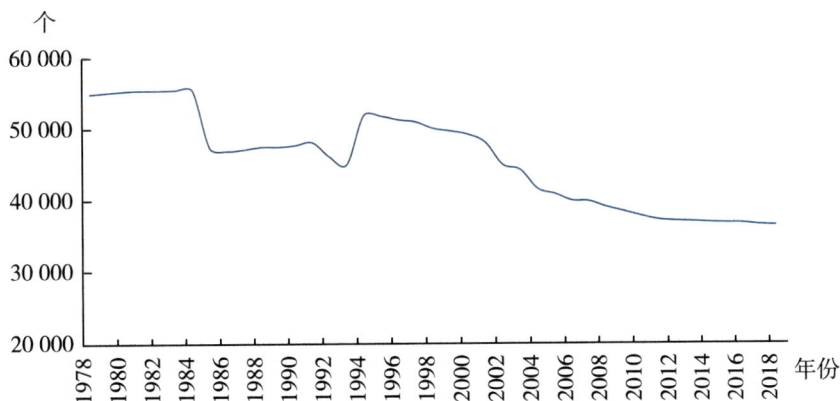

图 2-6　1978—2018 年中国乡镇卫生院机构数

数据来源：中国卫生健康统计年鉴。

年乡镇卫生院数量有了较大幅度的回升，1995 年升至高点，从 1993 年的 45 024 家增长至 1995 年的 51 929 家，此后又开始持续下降。截至 2019 年底，我国共有乡镇卫生院 3.6 万个。总体上看，我国乡镇卫生院数量整体呈波动下降趋势。

从乡镇卫生院服务的乡村人口数看（图 2-7），在整体趋势上，2005—2018 年间华中地区和东北地区的省均乡镇卫生院服务人数①呈逐年减少趋势，其余地区呈波动上升又逐年下降趋势。进一步对比发现，华南、华东和华中地区省均乡镇卫生院服务乡村人口较多。2018 年华南地区省均卫生院服务 2.24 万乡村人口，华东地区服务 2.04 万乡村人口，华中地区服务 1.73 万乡村人口。西北地区省均卫生院服务乡村人口数最少，为 1.07 万人，其次为西南地区，为 1.12 万人。这说明地区之间乡镇卫生院服务效率及医疗资源利用率存在明显差异。

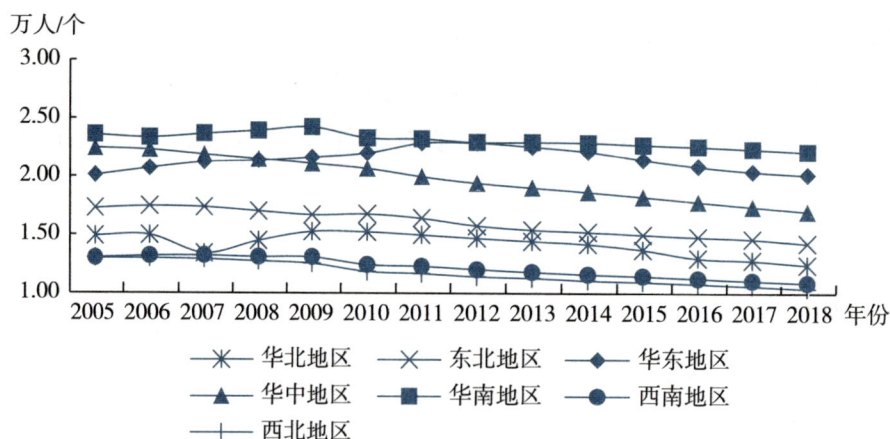

图 2-7　全国七大地区乡镇卫生院服务的乡村人口数

数据来源：中国卫生健康统计年鉴。

---

①　省均卫生院服务乡村人口数的计算方法是先求得各省内平均一家乡镇卫生院服务的乡村人口数，再求各地区内所含省份的指标均值。

近年来，全国村卫生室数量减少且降幅加快（图 2-8）。
2003—2011 年全国村卫生室总量呈上升趋势，2003 年全国有村卫
生室 51.49 万个，2011 年增长为 66.29 万个。2011 年后数量逐步
降低，连续 7 年村卫生室数量增长率为负，2016 年后村卫生室数
量呈加速下滑趋势。至 2019 年底，全国村卫生室数量降至 62.1
万个。

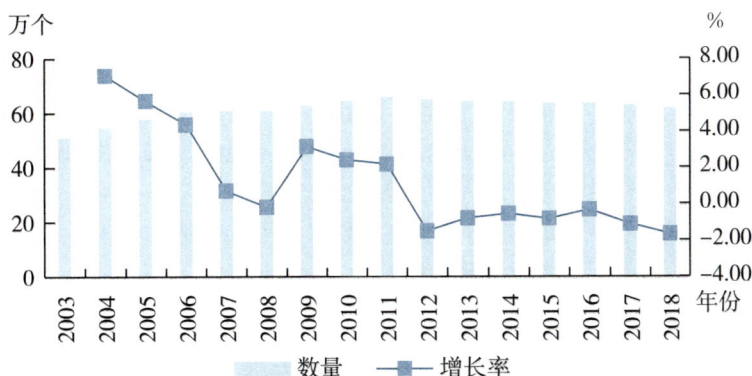

图 2-8　2003—2018 年全国村卫生室机构总量及增长率

数据来源：中国卫生健康统计年鉴。

从分地区村卫生室服务乡村人口数看（图 2-9），在整体趋势
上，各地区总体呈现省均村卫生室服务乡村人口下降趋势。2003—
2018 年间可分为两阶段，在 2003—2009 年各地区村卫生室服务乡
村人口数下降速度较快，2009 年后各地区服务乡村人口数变化较
为平稳，但除东北和华南地区外，其余各地区均呈持续下降趋
势。进一步对比发现，华北地区省均村卫生室服务乡村人口数最
少，2003 年为 1 072 人，2018 年减少为 598 人；华南地区省均村
卫生室服务人数最多，2018 年为 1 254 人，其次是华东地区为
1 100 人，东北地区 1 017 人；西南、西北、华中地区的村均卫生
室服务人数分别为 915 人、829 人和 810 人。可见，除了东北地区
和华南地区之外，其余地区村卫生室服务乡村人口数均呈稳中下降
趋势。

人/个

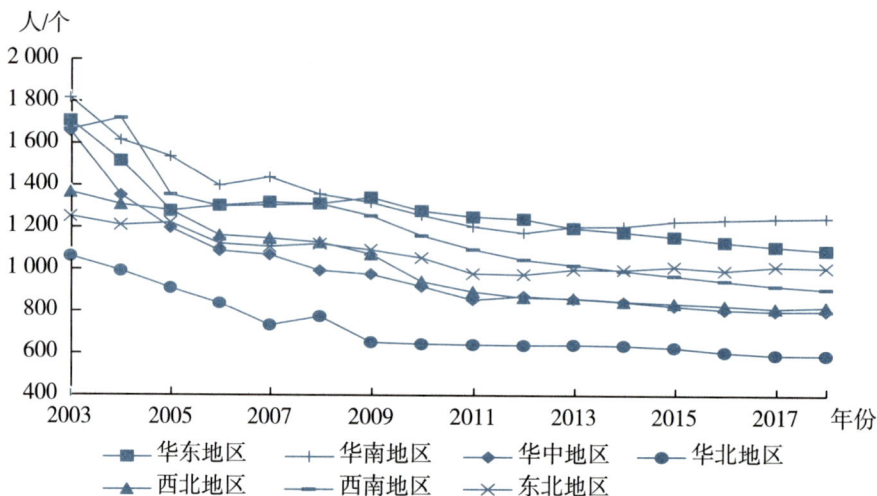

图2-9　全国七大地区省均村卫生室服务乡村人口数

数据来源：中国卫生健康统计年鉴。

## （二）卫生设施不断完善，医疗服务水平明显提升

如图2-10所示，从1960到2018年我国农村乡镇卫生院床位数大幅上升，并经历了三个发展阶段。1960—1980年，乡镇卫生院床位数有较大幅度的增加；1980—2005年，乡镇卫生院床位数

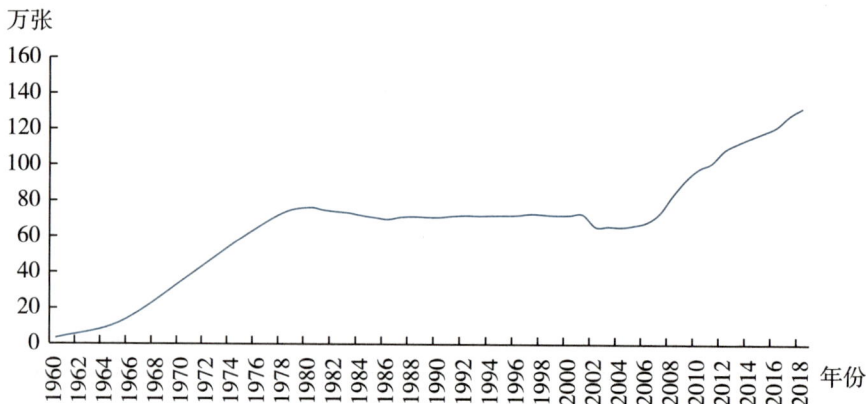

图2-10　农村乡镇卫生院床位数

数据来源：中国卫生健康统计年鉴。

呈停滞不前且逐年减少趋势；2005 年之后，乡镇卫生院床位数又有显著增加。这一时期，虽然乡村卫生院数量逐年减少，但其总体拥有的床位数不断增多，表明农村医疗服务能力在不断提升。至2018 年底，全国乡镇卫生院共设床位 133.4 万张，每千农村人口乡镇卫生院床位 1.43 张。

从乡镇卫生院的硬件设施来看（图 2 - 11），2005—2018 年期间，乡镇卫生院万元以上设备数呈逐年递增趋势，特别是 2010 年后增长的速度有所加快。这一定程度上说明受新型农村合作医疗政策积极影响，乡镇卫生院的硬件设施投入规模显著增长，医疗服务水平也有了较大幅度提升。

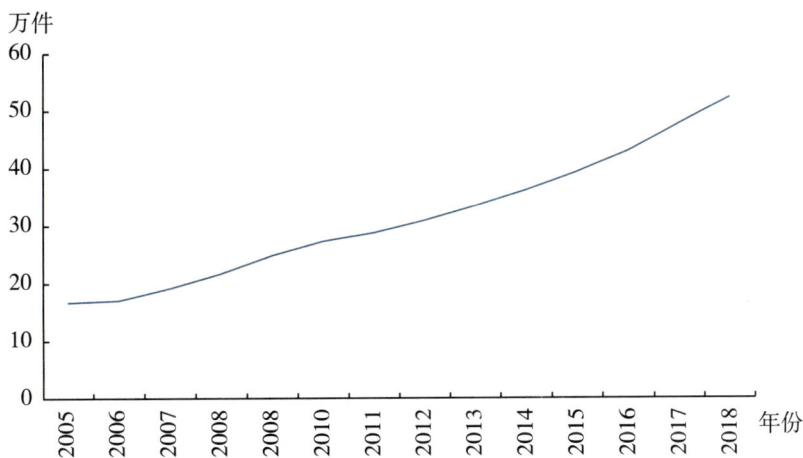

图 2 - 11　乡镇卫生院万元以上设备数

数据来源：中国卫生健康统计年鉴。

## （三）农村卫生人员数量保持增长，但高技术人员比重降低

2007—2018 年全国乡镇卫生院人员总数呈上升趋势（图 2 - 12），从 2007 年的 72.91 万人，上升到 2018 年的 87.7 万人。与此同时，乡镇卫生院卫生技术人员的总数也呈上升趋势，但增幅相对

较缓，2007 年卫生技术人员总数为 55.99 万人，2018 年增长为 66.68 万人。考虑到全国乡镇卫生院数量呈不断减少趋势，说明单个乡镇卫生院的卫生人员力量有所增强。但数据分析还发现，2011 年后乡镇卫生院卫生技术人员占卫生人员总数的比重呈下降趋势，2018 年较 2017 年有所回升，但仍处于 2007 年以来的低点。这表明乡镇卫生院中高技术人才"留人"难，医疗技术力量仍待加强。农村医疗卫生人员整体学历不高、年龄老化，很多未接受过公共卫生或预防医学等专业教育和培训，公共卫生应急处置能力不足。

图 2-12 乡镇卫生院卫生人员与卫生技术人员总数与比例

数据来源：中国卫生健康统计年鉴。

从乡镇卫生院的人员结构来看（图 2-13），2018 年执业医师的比重最高，占 32%，其次为其他卫生技术人员，占 22%；工勤技能人员占比 12%，药师（士）占比 9%，技师（士）占比 8%，管理人员和检验师占比分别为 5%。

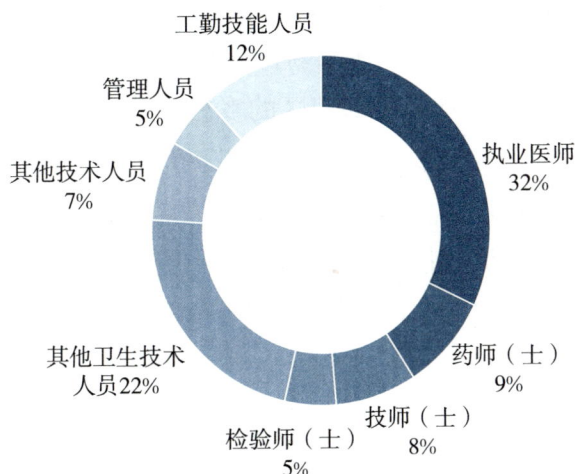

图 2 - 13 2018 年乡镇卫生院人员结构示意图

数据来源：中国卫生健康统计年鉴。

从村卫生室的人员情况看（图 2 - 14），2010—2018 年村卫生室卫生技术人员数、执业助理医师、执业医师和注册护士数都呈上升趋势。其中卫生技术人员数最多，2018 年达 19.38 万人；其次是执业助理医师，2018 年为 16.91 万人；再次是执业医师，2018 年为 5.18 万人；注册护士数量最少，2018 年为 2.48 万人。

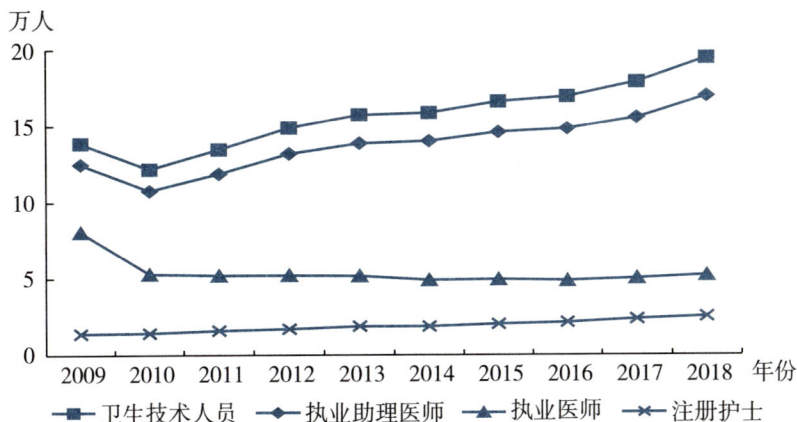

图 2 - 14 全国村卫生室各类人员构成情况

数据来源：中国卫生健康统计年鉴。

从东中西部分地区来看（图2-15），乡村医生和村卫生员数量都经历了2008年前后先下降，后又回升至2011年的高位，继而又呈下降趋势。2018年，中部地区的乡村医生和村卫生员数最多，为32.84万人；其次是东部地区，为28.80万人；西部地区与东部地区接近，为29.07万人。从下降幅度看，2011年后，西部地区乡村医生和村卫生员数量变化幅度较小，但中部和东部地区相应人数减少幅度较大，中部地区降幅22%，东部地区降幅26%。

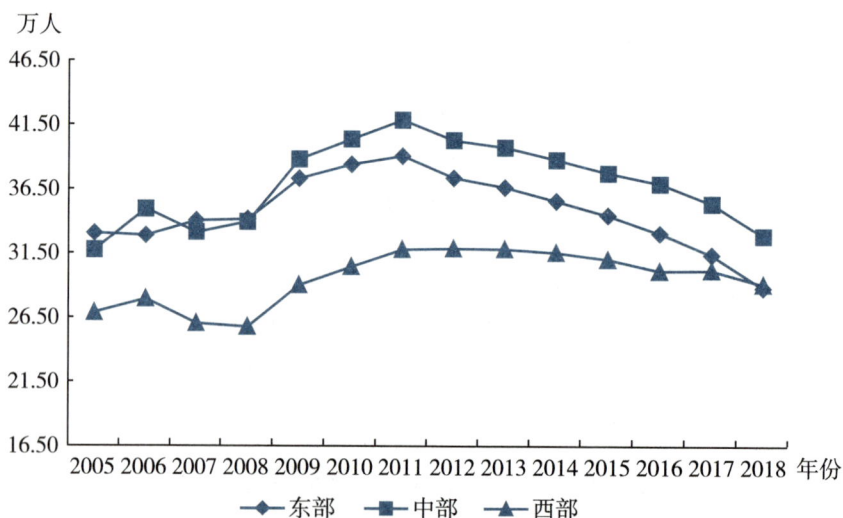

图2-15 东中西乡村医生和村卫生员数

数据来源：中国卫生健康统计年鉴。

## （四）农村医疗机构财力保障水平不断提升，但乡村医生待遇不高

2005—2018年乡镇卫生院资产基本呈上升趋势（图2-16），2009年受新医改政策影响有一次较为明显的提升。从数值来看，2005年乡镇卫生院总资产为693.5亿元，2018年增长为3 283.2亿元，是2005年的4.7倍。分类别看，乡镇卫生院资产总额大于社区卫生服务中心（站）的资产总额，且增长的速度也要高于社区

卫生服务中心（站）。但如果将乡镇卫生院平均资产和社区卫生服务中心（站）的平均资产进行对比，乡镇与社区之间仍存较大差距，如 2018 年单个乡镇卫生院平均资产 900.5 万元，单个社区卫生服务中心（站）平均资产 1 492.3 万元，是乡镇卫生院平均资产的 1.66 倍。

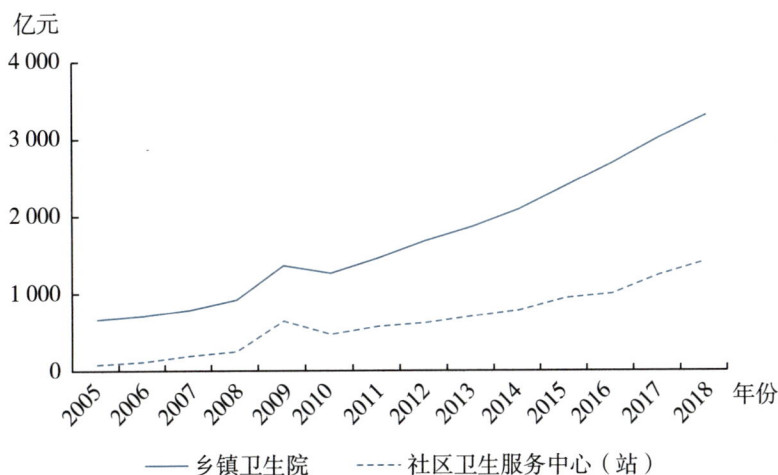

图 2-16　乡镇卫生院与社区卫生服务中心（站）的总资产对比

数据来源：中国卫生健康统计年鉴。

从乡镇卫生院的收入情况看（图 2-17），除 2007 年外，总收入总体呈逐年上升趋势，2005 年乡镇卫生院总收入为 481.73 亿元，到 2018 年其总收入增长为 2 976 亿元，是 2005 年的 6.2 倍。在收入构成中，2010 年后财政补助收入额度逐年增加，2018 年财政补助收入占乡镇卫生院总收入的 45%，这一比重在 2010 年仅为 25%。从业务收入上看，2010 年后乡镇卫生院业务收入额度也逐年上升，2010 年业务收入为 823.1 亿元，2018 年该收入达到 1 527 亿元，是 2010 年的 1.86 倍。从整体收支情况看，2005—2018 年乡镇卫生院收入大于支出，能够实现盈余，2015 年盈余最高为 91 亿元，2018 年盈余减少为 50.4 亿元。

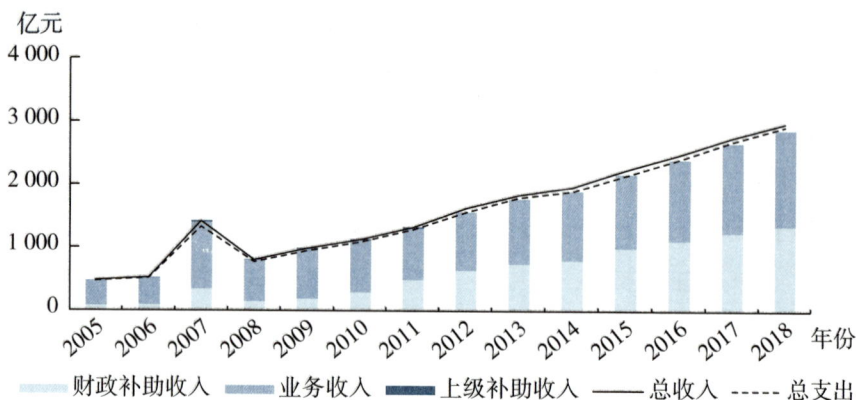

图 2-17 乡镇卫生院收入及支出情况

数据来源：中国卫生健康统计年鉴。

在政府卫生支出方面（图 2-18），1978—2018 年的 40 年间，政府卫生支出占卫生总费用的比重呈现先下降后提升趋势。特别是 2003 年新农合政策推行之后，政府卫生支出占卫生总费用的比重有大幅回升，从 2003 年的 19.69％提高至 30％左右的水平，2018 年有小幅下调，但 2010 年以来比重总体平稳。从政府卫生支出占财政支出的比重看，1990—2018 年该比重呈平稳上升趋势，特别是 2006 年后，上升趋势更加明显。这表明政府卫生支出不断加强，农村基本医疗卫生事业财力保障在逐渐改善。

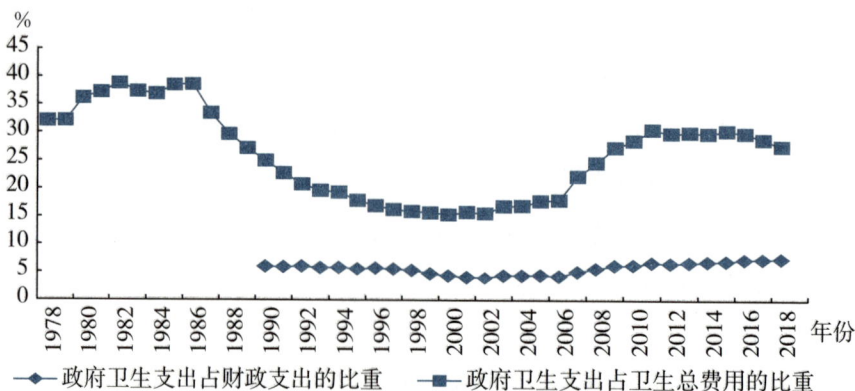

图 2-18 政府卫生支出的两个比重

数据来源：中国卫生健康统计年鉴。

在乡村医生待遇方面，乡村医生工作量大、收入低、职业获得感差，招不进、留不住，很多村卫生室没有专职人员，由村民兼职。据调查，陕西省洛川县的村医每年各类补助和合理问诊收入人均累计 1.5 万～2 万元，基本公共卫生服务经费补偿标准根据业绩考核仅为 15%～25%，远低于国家规定的 40%，影响工作积极性，一些村卫生室出现停诊关门现象。由于工资偏低且发放不到位，河南省通许县朱砂镇 2019 年 7 月出现 36 名村医集体辞职事件。

## （五）农村医疗卫生服务水平和质量都有较大提升

如图 2-19，乡镇卫生院的诊疗人数和入院人数在 2006 年后有明显上升。在新农合政策的影响下，一方面参合农村居民潜在的就

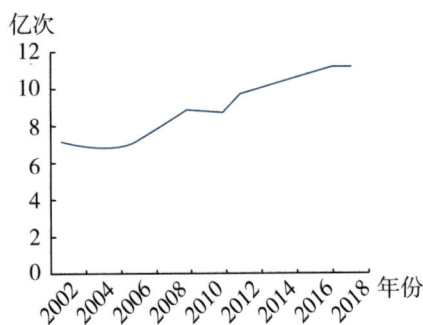

（1）乡镇卫生院诊疗人次

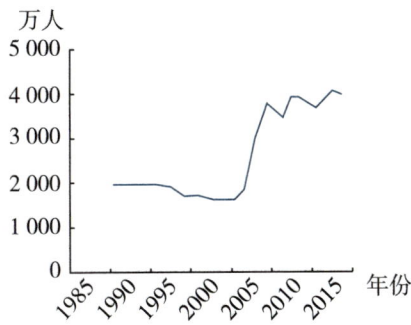

（2）乡镇卫生院入院人数

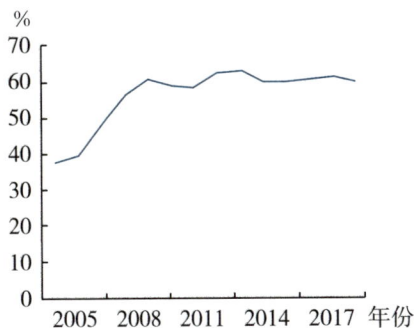

（3）乡镇卫生院病床使用率

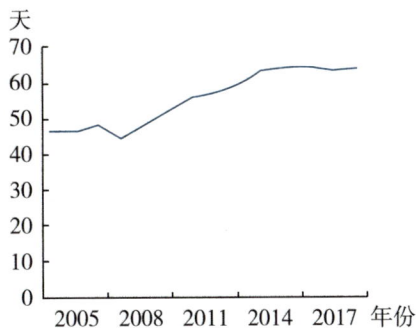

（4）乡镇医院出院者平均住院日

图 2-19 农村医疗卫生服务情况

数据来源：中国卫生健康统计年鉴。

医需求被释放，导致就诊人次增加；另一方面受报销政策的影响，参合农村居民住院人数也有较为明显的增加。2006年后乡镇卫生院的病床使用率和平均住院床日也呈增长趋势。从农村乡镇卫生院的服务能力来看，2018年其服务就诊人次为11.16亿次，是2002年的1.6倍；2018年乡镇卫生院入院人数为3.99亿人，是2005年的2.5倍；从乡镇卫生院的病床使用率看，2018年为59.6%，比2006年提升20个百分点；从出院者平均住院天数看，2018年该值为6.4天，2006年仅为4.2天。由此可见，新农合政策的出台对缓解农民就医难发挥了一定作用。

## 三、农村公共卫生和医疗服务提升举措

党的十八大以来，以习近平同志为核心的党中央不断完善顶层设计，加大财政投入，优化体制机制，推出一系列重大创新性举措，农村公共卫生和医疗服务取得明显进步。

### （一）开展重大疾病和突发急性传染病联防联控

随着工业化、城镇化和人口老龄化进程加快，我国居民生产生活方式和疾病谱不断发生变化，肝炎、结核病、艾滋病等重大传染病防控形势严峻，精神卫生、职业健康、地方病等问题不容忽视，为农村应对突发公共卫生事件以及保障农民群众健康带来新的挑战。各地通过开展重大疾病和突发急性传染病联防联控，有效应对当前农村地区公共卫生和医疗方面的挑战。

一是对传染病、慢性病、精神障碍、地方病等疾病的防控。2016年以来，公共卫生服务和卫生应急能力迈上新台阶，初步构建了一支完整的卫生突发公共事件的应急队伍和体系。近些年来，国家非常关注农村地区重大传染病、地方病和职业病的预防和控制，建立全民计划免疫制度，实施尘肺病等职业病救治保障，加强艾滋

病、病毒性肝炎、结核病等重大传染病免费或低收费治疗，强化寄生虫病、饮水型燃煤型氟砷中毒、大骨节病、氟骨症等地方病防治。

二是农村居民精神卫生服务。当前，我国精神卫生工作体系初步形成，管理规范和制度陆续出台，专业人才队伍不断发展，服务规模和内容逐步完善。近年来，针对农村留守妇女、留守儿童和留守老人群体常见的心理健康问题，强化了焦虑、抑郁等常见精神障碍管理，加强了老年痴呆防治体系和孤独症儿童筛查康复体系建设，农村重点人群精神卫生状况有效改善。

## （二）开展爱国卫生健康村镇建设

健康村镇建设是新时期爱国卫生运动的重要载体。在卫生村镇建设的基础上，通过完善村镇基础设施条件，改善人居环境卫生面貌，健全健康服务体系，提升农村居民文明卫生素质，实现了农村居民生产、生活环境与人的健康协调发展、同步改善。

一是开展农村厕所革命。长期以来，农村大约80％的传染病是由厕所粪便的污染和饮水不卫生引起的。党的十八大以来，习近平总书记对"厕所革命"这项基础性民生工作高度重视，并要求把这项工作作为乡村振兴战略的一项具体工作来推进。据统计，2018年、2019年累计新改造农村户厕超过2 000多万户，全国农村卫生厕所普及率达到60％以上。

二是开展农村人居环境整治。生活污水、生活垃圾是影响农村人居环境质量的两大因素，也是农村人居环境整治的重点内容。在农村生活污水治理方面，对生活污水处理的行政村数量从2007年的1.5万个增加到2016年的10.5万个，增长6倍；对生活污水处理的行政村比例从2.6％增加到20.0％，增加了17.4个百分点。截至2019年，近30％的农户生活污水得到处理，污水乱排乱放现象明显减少。在生活垃圾处理方面，近年来，在全国范围内开始推行"户分类、村收集、镇转运、县处理"的农村生活垃圾处理模式，取得良好效果。截至 2019 年，农村生活垃圾收运处置体系覆盖全国 84% 以上的行政村。

三是开展村庄清洁行动。2019 年以来，农业农村部等 18 个部门联合开展村庄清洁行动，推动农村人居环境整治从点上示范向面上推开，重点抓好清垃圾、清塘沟、清畜禽粪污、改变影响农村人居环境不良习惯的"三清一改"工作。截至 2019 年底，全国 90% 以上的村庄开展了清洁行动，先后动员近 3 亿人次参加，累计清理农村生活垃圾 4 000 多万吨，清理村塘淤泥 3 500 多万吨，清除村内残垣断壁 410 多万处，村容村貌明显改善。

## （三）健康中国行动和健康扶贫工程

为有效提升农村公共卫生和医疗服务，补齐贫困地区医疗卫生短板，我国全面推进健康中国建设和健康扶贫工程，开启了卫生健康事业改革发展的新征程。

一是健康中国行动。《健康中国 2030 规划纲要》明确了新时期我国卫生与健康工作方针，即"以农村和基层为重点，推动健康领域基本公共服务均等化"，"逐步缩小城乡、地区、人群间基本健康服务和健康水平的差异，实现全民健康覆盖"。党的十九大以来，农村地区成为实施健康中国战略与乡村振兴战略相结合的重要场域，农村医疗卫生事业正在逐步改善。

二是健康扶贫工程。实施健康扶贫工程对于我国打赢脱贫攻坚战、全面建成小康社会意义重大。2019 年，健康扶贫工程相关资金和政策进一步向深度贫困地区倾斜。贫困人口大病集中救治病种扩大到 25 个，取消建档立卡贫困人口大病保险封顶线，鼓励地方研究提出对收入水平略高于建档立卡贫困户的群众的支持政策。同时，继续加强贫困地区县医院能力建设和城乡医院对口帮扶，支持鼓励通过农村订单定向医学生免费培养、全科医生特岗计划、"县管乡用""乡聘村用"等方式，着力解决一些乡镇卫生院和村卫生室缺乏合格医生的问题。

# 四、农村公共卫生和医疗服务事业面临的问题

近年来，我国农村公共卫生和医疗服务取得积极发展，农村居民主要健康指标已处在发展中国家前列并接近发达国家水平。但也要看到，当前农村公共卫生和医疗服务事业发展中仍然存在一些突出问题和短板。

## （一）城乡卫生资源配置差距仍然较大

我国城乡卫生资源总体呈增长趋势，但与城市相比，农村地区投入少、水平低，在物力、人力、财力等方面均存在医疗卫生资源配置失衡问题。

一是物力资源的城乡差距。以每千人医疗机构床位数为例，2009—2018 年，城市每千人医疗机构床位数从 5.54 张增加到 8.70 张，农村每千人医疗机构床位数从 2.41 张增加到 4.56 张，城市仍是农村的 2 倍左右。截至 2018 年底，全国还有 46 个乡镇没有卫生院，1 022 个行政村没有卫生室，1 495 个乡镇卫生院、24 210 个村卫生室没有完成标准化建设。

二是人力资源的城乡差距。以每千人卫生技术人员数为例，2009—2018 年，城市每千人卫生技术人员数由 7.15 人增加到 10.91 人，农村每千人卫生技术人员数由 2.94 人增加到 4.63 人，城市仍是农村的 2 倍以上。从学历来看，城市本科以上卫生技术人员占比是农村地区的 4 倍以上，城乡人力卫生资源配置不均有扩大趋势。根据卫健委公开数据，截至 2018 年底，全国还有 666 个乡镇卫生院没有全科医生或者执业（助理）医师，6 903 个卫生室没有合格的村医。

三是财力资源的城乡差距。长期以来，政府用于医疗卫生的公

共支出表现出严重的城市偏好，城乡卫生财力资源差距悬殊。据估算，占我国人口60%～70%的农民每年只消耗了20%～30%的政府预算内卫生支出费用。大量财力资源集中在城市特别是大城市，农村医疗卫生经费投入存在明显不足。

## （二）农村医疗服务水平仍然偏低

为了实现农村地区"小病原则不出村、一般疾病不出乡、大病基本不出县"的发展目标，自2015年起，我国开始推进分级诊疗制度建设，逐步建立健全三级医疗卫生服务体系，缓解了农村看病难、看病贵等问题，但整体上农村医疗服务水平仍然偏低。

一是农村医务人员专业技术素质普遍较低。截至2018年底，乡镇卫生院卫生技术人员中仅15%取得大学本科及以上学历，仅2.2%拥有副高及以上职称。村卫生室人员中仅9.5%取得大学本科及以上学历，仅0.6%拥有中级及以上职称，其中仅0.2%的执业（助理）医师拥有副高及以上职称。乡村医生队伍整体专业技能水平依然较低，具有执业（助理）医师资格的村卫生室医务人员比例仅为20%左右。主治医师虽然有相关医疗资格证书，但普遍存在年龄偏大、知识老化等问题。年轻医生更是存在水平不足、缺乏实际操作经验等问题，远不能满足农民群众医疗卫生服务需求。

二是乡村医生性别与年龄结构失衡，且高素质人才流失严重。从性别结构来看，乡村医生中男性占72.1%，女性仅占27.9%，男女医生比例严重失调，不利于农村计划生育、妇幼保健工作的开展。从年龄结构来看，乡村医生队伍老龄化现象十分严重，45岁以上的乡村医生占62.9%，60岁以上的占23.7%，且东部地区乡村医生老龄化现象更为严重，城市周边的乡村更为突出。近年来，由于农村既存在医疗条件和待遇不佳等问题，又缺乏合理的人才激励机制，导致高素质医疗人才流失严重。

三是乡村医生教育培训存在供需不匹配现象。当前，乡村医生的教育培训需求仍然得不到满足。一项抽样调查显示，从教育培训方式上看，乡村医生对"上级医生现场指导"的培训需求比实际培训供给高 25.1%。同时，以实践为重点的培训方式是目前乡村医生的主要需求，但当前的教育培训主要局限于理论的临床培训。由此看出，针对乡村医生的教育培训未完全定位于乡村医生的需求，存在供需不匹配问题。

## （三）农村居民获取医疗服务可及性仍待提高

近年来，我国积极推进新农村建设，深化基层医疗体制改革，加大农村地区医疗资源投入，农村居民获取医疗服务便捷性逐步提高，但与城市医疗服务相比，仍存在明显的差距。

一是农村居民到最近医疗点相对距离较远。当前，农村公路建设仍存在部分路段通畅难、部分"断头路"没有打通、乡村公路损坏严重等问题。部分偏远山区还没有开通客车、公交等公共交通，使得农村的留守老人、慢性病患者就诊十分不便。农村居民不仅需要支付较高的交通成本，还面临诊疗服务不及时，甚至出现贻误病情的风险。

二是农村居民可获得的医疗服务质量不高。在药品配备方面，现有农村卫生所、社区医疗卫生站所能够开的药品种类以及可以采用的注射钊剂明显少于城市。农村所拥有的医疗器械更是十分有限，设备更新周期缓慢，医疗器械陈旧老化。城乡医疗服务供给质量差距集中体现在慢性病管理、误诊情况、抗生素使用和静脉注射等方面，农村居民可获得的医疗服务与需求相比存在巨大差距。

## 五、思考与建议

党的十九大报告提出全面建立中国特色优质高效的医疗卫生服务体系。应瞄准农村公共卫生和医疗服务事业的突出短板，加大财政投入力度，加强农村公共卫生基础设施建设，强化预防为主的农村医疗卫生体系，尽快提升农村公共卫生和医疗服务水平，保障亿万农民健康。

## （一）做好农村健康教育和环境卫生综合治理工作

一是补上农村健康教育短板。开展农村健康教育，让健康知识、行为和技能成为农村居民普遍具备的素质和能力。各级卫生行政部门要加强对健康教育与健康促进工作的领导，加大工作经费投入。加强农村健康防疫知识宣教普及，充分利用报刊、杂志以及广播等传媒工具，开展形式多样、通俗易懂的宣传教育活动，增强农村居民疾病预防意识。教育人们树立正确的健康观念，养成良好的生活方式，以降低或消除影响健康的潜在风险。

二是探索建立农村人居环境整治长效机制。根据村庄不同类型、发展区位差异与环境治理现状，分类确定农村人居环境整治重点。建立地方为主、中央补助的政府投入体系，鼓励各类企业积极参与农村人居环境整治项目，为全面推进农村人居环境整治行动提供有力资金保障。在推进危房改造、乡村产业发展、村庄规划、城乡基本公共服务均等化等工作中，要将农村人居环境整治统筹考虑，同步推进农村生活垃圾治理、污水治理、厕所粪污治理、村容村貌提升工作。积极引导农民参与农村人居环境治理，提升农村人居环境治理与民生福祉的融合度，建立第三方农村人居环境整治评估与监督机制。

三是实施村庄清洁行动。强化组织领导，强化督促落实，分类分区推进，突出清理死角盲区，重点解决行路、如厕、环境、村容村貌等问题。要将村庄清洁行动与农村垃圾污水治理、村庄绿化亮化、乡村文明建设有机结合，多部门联动开展村庄清洁行动，逐步完善长效保洁机制，由一时清洁向长效清洁转变，推动村庄清洁行动常态化、制度化、持续化。

四是开展农村环境卫生综合治理。把环境卫生综合治理工作纳入乡村振兴战略框架统一部署安排，有序推进农村环境卫生综合治理工作。通过宣传教育、政策激励等方式，营造浓厚舆论氛围，引导农村居民自觉革除陋习，切实增强保护环境的责任感和自主意识。筑牢后勤保障基础，探索农村保洁有偿收费制度，提高环卫工人工资待遇，让环境卫生综合治理工作常态化开展。

## （二）继续实施健康扶贫和医疗卫生帮扶机制

一是精准锁定健康扶贫对象。2020年绝对贫困消除以后，要继续瞄准建档立卡贫困户和低收入人口中存在健康风险的群体，打造贫困患者医疗数据信息平台，整合脱贫人口相关信息系统，掌握患者自身及所在地区的健康状况和潜在风险，建立以健康档案为重点的健康信息平台。精准锁定健康扶贫对象，启动疾病风险评估与预警机制，提升疾病监测、预警和防控能力，建立健全兜底保障和临时救助机制，防止因病返贫。

二是完善农村慢性病管理机制。引导县乡村三级医疗机构通过居民健康档案、健康体检、门诊筛查等多种方式收集慢性病患者数据，为新发现患者建立健康档案。结合疾病演化阶段与疾病类型，创新慢性病管理的运营模式，加强慢性病全过程防控管理。借助数字技术赋能，有效利用居民健康档案，通过APP连接医患双方、开放式平台连接县乡村医务人员、全民健康信息平台信息共享等慢性病管理方式，实现县域内互联互通，慢性病统一管理，探索新型慢性病管理分级诊疗体系。

三是健全医疗帮扶机制。进一步建立健全医师多点执业和对口帮扶制度，返聘有资质的退休医务人员到基层医疗机构工作，推动技术人才良性流动、向基层下沉。充分发挥医学协会等民间组织、非营利部门在农村公共卫生和医疗服务提升中的作用和价值，通过志愿者和讲师团等形式，对医疗卫生知识进行广泛宣传，拓宽农村居民获取外部专家支持与援助的渠道。

### （三）构建疫情防控、服务留守群体等多维度的医疗卫生应急体系

一是建立健全农村疫情防控体制机制。依托县级疾病预防控制中心，完善县域重大疫情防控救治体系，健全农村公共卫生重大风险研判、评估、决策、防控协同机制，实现上下级信息贯通、同级信息共享。构建多元化危机治理格局，形成政府、市场和社会等多元主体协调联动、合作治理的公共卫生事件应急管理系统。加快建立农村应急物资储备制度，提高预防和处置突发重大公共卫生事件的物资保障能力，健全重大疾病医疗保险和救助制度，建立统一的急救医疗网络体系，实现急救信息共享和急救网络连通。加强乡村医生突发疫情防控培训和教育，提升应急处理重大疾病和传染病能力，完善常态化疫情防控体制机制，真正实现由"应急管理"到"应急治理"的转变。

二是建立多元化农村医疗卫生服务网络。加强农村药品供应机制建设，加强对重大疾病控制、疫苗接种公共卫生项目的实施，鼓励医疗卫生专业人士组成服务网络，推动其提供包括健康促进、疾病预防、诊断、治疗、疾病管理、康复和姑息治疗在内的农村医疗卫生服务，并与患者形成密切的合作关系。完善"向基层倾斜"的人才政策机制，制定和实施医疗卫生大中专毕业生到基层计划，继续实施农村订单定向免费培养项目。持续加强全科医生培养，继续实施全科医师特岗计划。支持乡镇卫生院和村卫生室医务人员到上级医疗卫生机构进行实训，拓宽乡村医生执业发展前景。多渠道提高乡村医生待遇水平，制定常态化的乡村医生优惠政策，推动解决乡村医生养老问题，加大对偏远地区乡村医生补助力度。扩大针对农村地区留守老人、婴幼儿、孕产妇的健康检查范围，让农村留守群体充分认识到各类疾病的危害，农村基层医疗卫生机构要针对留

守群体的特点做好相应预防与治疗工作。

三是加强农村社区精神卫生工作。要充分发挥农村社区卫生服务体系在精神疾病患者治疗与康复中的作用，根据乡村人口分布情况、辐射范围等因素选择中心镇、集镇等，建立精神康复机构，并纳入社会福利发展计划。农村医疗卫生药品配置上要适当增加精神类药物，最大限度保障精神疾病医疗服务。加强农村精神卫生知识宣传力度，改善农民对精神卫生的认知情况，增强宣传覆盖率。加强对农村医护人员心理健康知识培训，普及心理健康和精神疾病防治知识，提高农村卫生机构精神疾病急救水平。

## （四）利用"互联网＋医疗"推动农村医疗卫生事业实现新跨越

一是搭建农村"互联网＋医疗"问诊平台。采用更多智慧医疗手段，打破问诊的物理空间限制，促进优质医疗资源城乡共享，帮助农村居民获得更多的医疗资源和医疗人才支持。利用互联网、大数据技术开展双向转诊、转检、会诊、联网挂号等远程医疗服务，搭建远程医疗信息系统和以数字化医院为依托的医疗协作系统，提高乡村优质医疗健康服务可及性。

二是加强农村医护人员线上"云培训"建设。运用互联网技术，加强对农村医护人员的培训和示范，提升其医疗技术和服务水平。为农村医疗卫生服务人员提供远程培训，实现并保障优质医疗资源有序下沉，使农村居民在家门口就能获得优质的诊疗服务和健康管理服务，尽可能降低农村居民治病就医成本。

三是通过新技术传播公共卫生知识和健康管理方法。利用互联网平台加强农村公共卫生、健康防疫知识宣教普及，开展形式多样、通俗易懂的宣传教育活动，引导农村居民养成良好卫生习惯，增强个人健康管理意识。利用互联网做好突发公共卫生事件的应急宣传工作，普及科学知识，增加公众正确认知，及时消除社会恐慌心理。

# 专题二 农村养老服务：需求、政策实践与展望

　　当前我国正面临严峻的人口老龄化形势。习近平总书记强调，"有效应对我国人口老龄化，事关国家发展全局，事关亿万百姓福祉"。党的十九大将"养老"作为民生短板首次写入党的工作报告，提出"积极应对人口老龄化，构建养老、孝老、敬老政策体系和社会环境，推进医养结合，加快老龄事业和产业发展"，充分体现了中央对养老服务工作的高度重视。养老服务，是以满足和提升老年人生活质量为目标，面向所有老年人提供的，以生活照料、康复护理、精神慰藉、紧急救援和社会参与为主要内容的社会服务。与城市相比，农村养老服务先天不足，是养老服务短板中的短板。2020年是"十三五"收官之年，我国正处于"两个一百年"奋斗目标的历史交汇期，即将开启全面建设社会主义现代化国家新征程。基本实现社会主义现代化，要求城乡区域发展和居民生活水平差距明显缩小、基本公共服务均等化基本实现。推进农村养老服务体系建设，在发展中补齐民生短板，不断满足老年人持续增长的养老服务需求，让农村老年人老有所养、老有所依、老有所乐、老有所安，是决胜全面建成小康社会、推进社会主义现代化建设的一项紧迫任务。

## 一、老龄化背景与农村养老服务现实需求

### （一）人口老龄化形势严峻，农村养老负担日益沉重

　　2000年，中国65岁及以上老年人口占比达到7%，标志着我国进入老龄化社会。与发达国家同等发展阶段和其他发展中国家相

比，当前中国的老龄化呈现独特的发展趋势，给养老服务体系带来新的压力与挑战。尽管与发达国家相比，我国的老龄化程度还相对较低，但由于人口基数大，老龄人口数量巨大。截至 2019 年底，我国大陆 60 岁以上老年人口达 2.54 亿人，占总人口的 18.1%，其中，65 岁及以上老年人口达 1.76 亿，占总人口的 12.6%，预计到 2025 年突破 3 亿，2035 年突破 4 亿人，2050 年前后达到 4.87 亿峰值，届时老龄化率进一步攀升至 36% 左右，老龄化程度日益加深。[①] 未来中国老龄人口规模造成的养老压力还会进一步上升并有加剧之势。高龄老人成为增长速度最快的人群。目前有 1 544 万失能老人和 2 938 万半失能老人，80 岁以上高龄老年人 2 900 万[②]。相当一部分老人由于年老体弱或伤病在身，已部分甚至完全丧失了劳动和生活自理能力，亟需得到照料。满足数量庞大的老年人口特别是高龄、失能老年人的养老服务需求，是必须高度重视、切实解决的重大民生问题。

与此同时，家庭结构变化使家庭养老功能弱化。目前，我国家庭结构呈现日益严重的小型化、少子化、空巢化趋势。适龄人口生育意愿降低，妇女总和生育率明显低于更替水平。"421"或者"422"家庭人口的结构已成为家庭结构的主体。50 岁的人平均存活子女数为 1.5 个，空巢和独居老年人 1.18 亿[③]，家庭在满足基本养老需求上不堪重负。

上述形势和问题在农村更为严峻。城镇化带来青壮劳动力人口外流，使流出地农村空巢独居老人规模迅速增加。第四次城乡老年人生活状况调查数据显示，农村空巢老人比例逐年上升，从 2000 年的 32.9% 上升到 2015 年的 51.7%。老年人口基数大且增长速度

---

① 数据来源：国家统计局 2020 年 1 月 17 日公布的国民经济数据。
② 数据来源：全国老龄办测算数据。
③ 数据来源：全国老龄办测算数据。

快于总人口的增长速度，使老年抚养比逐年上升（2018 年达到
16.8)①。城乡来看，2020 年、2030 年预测数据显示，农村老年抚
养比为 40.9％、79.9％，远高于城镇老年抚养比 22.8％、36.9％，
农村老年抚养比始终且明显高于城镇，农村养老负担更为沉重。家
庭始终是最重要的养老主体，但现实中养老靠家庭的传统基础不
稳，迫切需要各类养老服务相关政策、社会支持体系和养老资源的
有力支撑。

## （二）机构入住意愿低，倾向"在地老化"

在我国，老年人群体偏爱"就近就便"的养老方式，绝大多数
老年人对远离家庭的机构养老都有所排斥。2017 年入住机构的老
年人占老年人总数比例仅为 0.72％②。与城市老年群体相比，农村
老年群体更为"安土重迁"。根据民政部政策研究中心 2018"托底
性民生保障政策支持系统建设"项目调查数据，农村老年人倾向居
家与社区养老的比例明显高于城市老人。在困难家庭样本中，农村
受访老人选择居家与社区养老的比例为 84.86％，城市为 79.45％，
相差 5.41％；在普通家庭样本中，城乡差距扩大到 9.10％（城市
为 77.04％，农村为 86.14％）。农村老年人愿意入住社区内小型养
老机构或社区外养老机构的比例均低于城市老年群体，在普通家庭
样本中，农村（8.77％）比城市（13.49％）低 4.72％。城市和农
村困难老年人愿意入住社区外养老机构的比例分别为 3.71％和
2.08％，相差 1.63％；在普通家庭样本中，这一差距拉大到
2.74％（城市为 5.55％，农村为 2.81％）。由此可见，农村老年人
更偏向"在地老化"，在自己熟悉的社区环境中生活。

---

① 数据来源：《中国统计年鉴 2019》。
② 数据来源：《2018 年民政统计年鉴》。此处仅为养老机构，不含社区日间照料
设施。

表 2-1　2018 年城乡困难家庭老年人养老方式倾向的分布情况

单位:%

| 养老方式倾向 | 总体 | 困难家庭 | 普通家庭 |
|---|---|---|---|
| 居家与社区养老 | 81.21 | 81.48 | 80.52 |
| 入住社区内小型养老机构 | 11.30 | 11.15 | 11.69 |
| 入住社区外养老机构 | 4.34 | 4.27 | 4.50 |
| 其他 | 3.15 | 3.10 | 3.29 |

数据来源:民政部政策研究中心 2018 "托底性民生保障政策支持系统建设"项目调查数据。

## (三) 农村老年人生活照料和医养需求日益增长

农村老年人在生活照料、医疗健康、精神慰藉与权益保障方面的需求正在不断增长。根据民政部政策研究中心 2018 "托底性民生保障政策支持系统建设"项目调查数据 (图 2-20),农村养老服务排在前三位的需求分别是"上门看病"(45.03%)、"健康教育

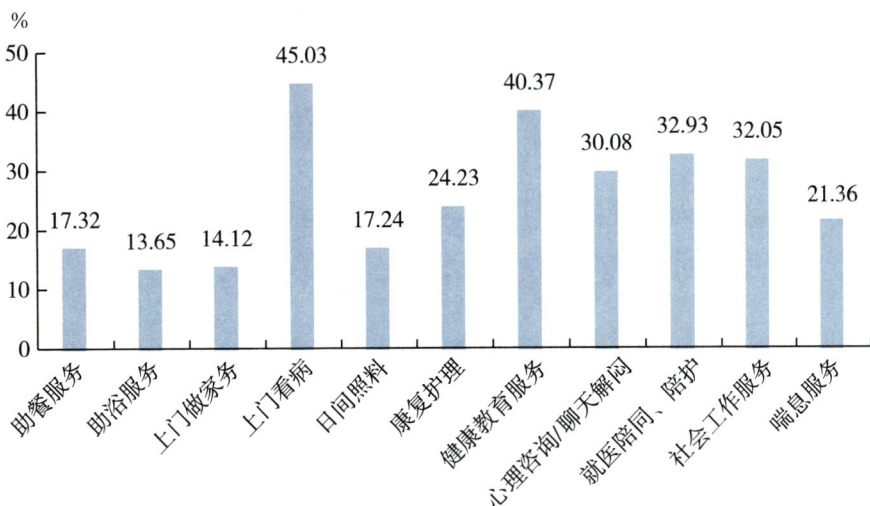

图 2-20　农村养老服务需求状况

数据来源:民政部政策研究中心 2018 "托底性民生保障政策支持系统建设"项目调查数据。

服务"（40.37％）、"就医陪同、陪护"（32.93％）。这反映出医疗护理类服务有巨大需求①。这一结果同当前我国尤其是农村地区存在的数量庞大的高龄、失能老年人基本事实相一致。

### （四）农村老年人支付意愿和支付水平低

养老机构支付意愿的城乡差距较为明显。根据民政部政策研究中心 2018 "托底性民生保障政策支持系统建设"项目调查数据，在普通家庭样本中，城市老人愿意支付费用为 1 000～2 000 元/月的比例（30.38％）比农村（18％）高 12.38％；费用为 2 000～3 000 元/月的比例，城市（15.7％）比农村（5.57％）高 10.13％；费用为 3 000～4 000 元/月的比例，城市（4.48％）比农村（1.48％）高 3％；费用在 4 000 元/月以上的比例，城市（1.68％）比农村（1.3％）高 0.38％。这背后是家庭居住模式、非正式照料资源、社会习惯、养老文化等因素发挥作用。

此外，随着经济社会发展，养老需求还将面临转型升级，广大农村老年人养老也将逐步从生存型向发展型转变，在满足基本物质保障需求基础上，也会有更为丰富的物质和精神文化需求，迫切需要推进农村养老服务发展，扩大养老服务供给，满足人民对美好幸福晚年生活的新期待。

## 二、农村养老服务的政策供给与探索实践

### （一）养老服务政策演进

为适应人口老龄化发展进程，养老服务体系逐步建立和完善，经历了从机构养老向居家和社区养老延伸的发展历程。

---

① 2018 国务院发展研究中心中国民生调查数据结果也与此高度一致，调查数据显示，52.3％的农村受访老年人认为下一步最需要的养老服务是上门医疗（打针、问诊）等。

　　党的十八大以来，为解决人口老龄化带来的巨大挑战，以习近平同志为核心的党中央高度重视养老服务工作，陆续出台一系列政策，优化政策环境，加快推进我国养老服务发展。以 2013 年 9 月《国务院关于加快发展养老服务业的若干意见》出台为标志，养老服务体系建设重心由重机构向重社区居家转变，更加重视医疗、康养等需求。2013 年修订的《老年人权益保障法》将"社会服务"单独立章，养老服务第一次纳入国家法律。民政部 2013 年出台《养老机构设立许可办法》（民政部令第 48 号），第一次建立养老机构设立许可制度。特别是《"十三五"国家老龄事业发展和养老体系建设规划》提出了"十三五"期间养老服务要实现政府运营的养老床位占比不超过 50%，护理型养老床位占比不低于 30% 的发展目标，为机构养老未来发展指明方向。2015 年《国务院办公厅转发卫生计生委等部门关于推进医疗卫生与养老服务相结合指导意见的通知》（国办发〔2015〕84 号）第一次部署推进医养结合工作，将医养结合服务纳入养老服务体系主要内容。

　　"十三五"期间，国家层面共出台涉老专项规划 22 部，养老服务都纳入其中；19 个省份完成了老年人权益法的配套法规制修订，都对养老服务进行了规定。养老服务从改革开放前解决特殊困难群体的系列政策措施，转变为涉及亿万老年人老有所养的基础性工作，转变为积极应对人口老龄化的重要制度设计。2016 年《国务院办公厅关于全面放开养老服务市场　提升养老服务质量的若干意见》（国办发〔2016〕91 号），对养老服务业"放管服"改革进行了部署。2017 年民政部等 9 部门出台的《关于加强农村留守老年人关爱服务工作的意见》（民发〔2017〕193 号），为完善服务网络、提升服务能力、健全体制机制提供了重要依据。2017 年《国务院关于印发"十三五"国家老龄事业发展和养老体系建设规划的通知》（国发〔2017〕13 号），将"以居家为基础、社区为依托、机构为支撑"的养老服务体系修改为"以居家为基础、社区为依托、机构为补充、医养相结合"的养老服务体系。建立了特困供养、高龄津贴和贫困老年人服务补贴、失能老年人护理补贴等制度，惠及 4 000 多万老年人，"老有所养"正在变为现实。从行政指令式的直接管理过渡到以法治为核心的综合监管，养老服务行业管理稳步升级。出台《养老机构服务质量基本规范》《社区老年人日间照料中心服务基本要求》等国家标准、行业标准 12 个。以法律法规为核心，以政策文件、规划、标准为重要支撑的养老服务综合监管体系基本建立，为引导和助推养老服务迈入现代服务业提供了有力保障。

2019 年养老服务进入精准化推进时期，出台政策着力解决机构床位空置率高、居家和社区养老专业性不足、失能老年人照护的兜底保障不充分等重点、难点、堵点问题。2019 年 3 月国务院办公厅印发《关于推进养老服务发展的意见》，从"深化放管服改革""拓宽养老服务投融资渠道""扩大养老服务就业创业""扩大养老服务消费""促进养老服务高质量发展""促进养老服务基础设施建设"六个方面针对性提出二十八条措施，涉及养老服务体系建设的百余项问题，对于解决土地规划、政府资金投入方式、失能老年人居家社区照护、消防审验等"老问题"具有突破性。

总体上，我国正逐步构建起与新时代中国特色社会主义相适应的面向经济困难老年人、城乡统筹、可持续的以居家为基础、社区为依托、机构为补充、医养相结合的多层次养老服务体系，建立了综合监管体系。

## （二）农村养老服务基本框架

养老服务体系建设同多数社会服务政策一样，有关政策探索实践的重点最初是城市。2011 年后，养老服务"保基本、兜底线"的制度功能的定位被反复强调，"优先保障孤老优抚对象及低收入的高龄、独居、失能等困难老年人的服务需求，兼顾全体老年人改善和提高养老服务条件的要求"①。《"十三五"国家老龄事业发展和养老体系建设规划》在健全养老服务体系中多次提及对困难老年人的养老保障问题。根据中国的"三农"实际，农村养老状况直接决定养老服务政策"保基本、兜底线"的成色质量，农村老年人无疑是政策关注的重点人群。

农村养老服务在很长一段时间是在农村特困人员供养（五保供养）政策框架下，以集中供养或分散供养形式对特定的"三无""五保"老人提供基本的货币补贴、福利服务，带有社会福利性质，普通老年人的养老问题并未正式进入政策视野。特困人员救助供养制度是为困难老年人提供经济供养的主要形式。2014年2月，国务院颁布的《社会救助暂行条例》将农村"五保"老人纳入"特困供养人员"。2016年，《国务院关于进一步健全特困人员救助供养制度的意见》指出，"在全国建立起城乡统筹、政策衔接、运行规范、与经济社会发展水平相适应的特困人员救助供养制度"，并再次确认特困供养的对象和范围为无劳动能力、无生活来源、无法定赡养抚养扶养义务人或者其法定义务人无履行义务能力的城乡老年人、残疾人以及未满16周岁的未成年人。因此，"特困供养"制度作为一种特殊的社会保障形式，在支持农村养老方面主要是保障"三无"老人的吃、穿、住、医、葬，提供稳定的基本生存照料。

近年来，全国农村老年人口占农村人口比例不断上升，一些农村地区甚至形成了以老年人为主要群体的生产生活形态。国家对农村养老服务给予更多关注，不断完善农村养老服务基本政策框架。党中央在连续多年的1号文件和打赢脱贫攻坚战、乡村振兴战略、国家积极应对人口老龄化中长期规划等重大决策中，都对农村养老服务工作作出部署。如《中共中央　国务院关于实施乡村振兴战略

---

① 参见《社会养老服务体系建设规划（2011—2015年）》，http://www.china.com.cn/policy/txt/2011－12/28/content_24266535.htm，2011年12月16日。

的意见》（2018 年）提出 "构建多层次农村养老保障体系，创新多元化照料服务模式。健全农村留守儿童和妇女、老年人以及困境儿童关爱服务体系"；《中共中央　国务院关于坚持农业农村优先发展做好"三农"工作的若干意见》（2019 年）提出 "完善农村留守儿童和妇女、老年人关爱服务体系，支持多层次农村养老事业发展"。《中共中央　国务院关于抓好"三农"领域重点工作　确保如期实现全面小康的意见》（2020 年）提出 "完善农村留守儿童和妇女、老年人关爱服务体系。发展农村互助式养老，多形式建设日间照料中心，改善失能老年人和重度残疾人护理服务"。农村留守老年人关爱服务政策也已实现省级层面全覆盖。

从中央 1 号文件有关要求也可以看出，农村养老服务优先保障的是特殊困难老年人这类脆弱群体，重点人群是特困、高龄、独居、空巢、失能、失智和经济困难老年人等。在此基础上，农村养老服务体系是"多层次"的，是养老服务总体框架的一部分，服务对象向全体老年人拓展。在农村养老服务体系中，居家、社区、机构这三种服务方式各有其适用对象及相应的服务内容与支持形式，形成一张覆盖农村所有老年人的农村养老服务网络。

实践来看，机构养老方面，截至 2018 年底，农村特困人员救助供养机构数 13 885 个，床位数 154.2 万张。从养老服务机构的城乡发展情况（图 2-21）比较来看，农村养老服务机构从 2013 年至 2017 年，无论是机构总数还是机构床位数，农村大体呈下降趋势，城市呈上升趋势。机构总数上农村养老服务机构远高于城市（但实际城市机构种类和数量比农村更为丰富），机构床位上 2017 年城市趋近于农村。尽管单从机构数量方面农村占绝对优势，但机构工作人员方面，自 2015 年后城市高于农村且差距逐年拉大。这种变化一定程度受到城镇化影响，但总体上反映出城乡养老服务发展不均衡，尤其是农村养老服务发展质量不高（图 2-22、图 2-23）。

个

| | | | | |
|---|---|---|---|---|
| 35 000 | | | | |
| 30 000 | 30 247 | | | |
| 25 000 | | 20 261 | | |
| 20 000 | | | 15 587 | 15 398 | 15 006 |

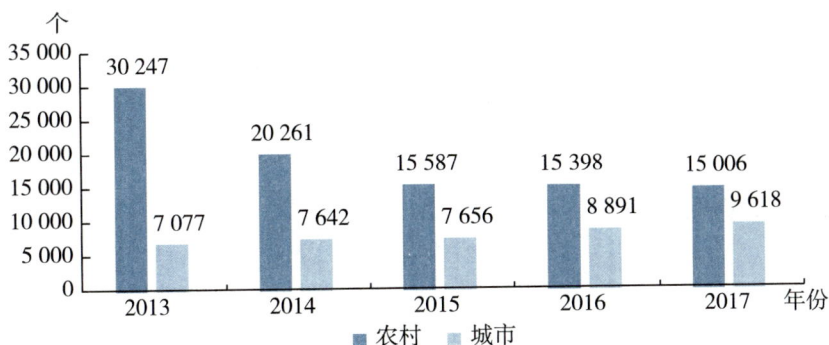

图 2-21 养老服务机构数量

数据来源：历年《民政统计年鉴》。

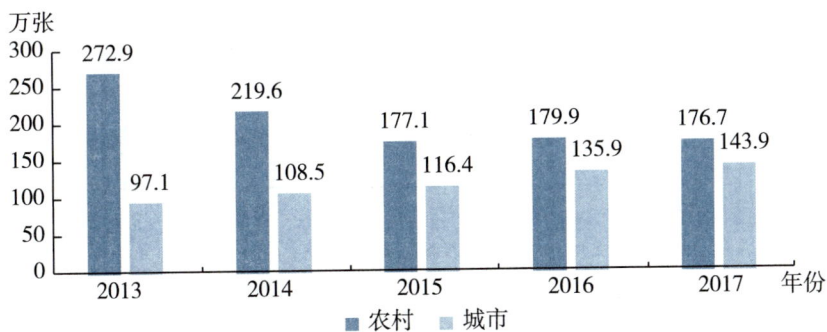

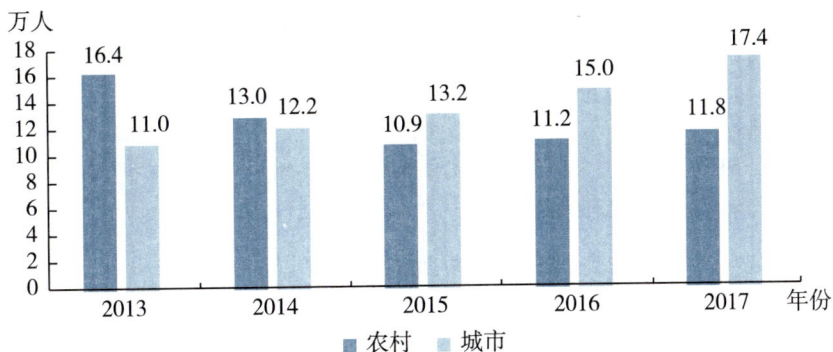

30 247  7 077  20 261  7 642  15 587  7 656  15 398  8 891  15 006  9 618

2013    2014    2015    2016    2017    年份

■ 农村   城市

万张

272.9  97.1  219.6  108.5  177.1  116.4  179.9  135.9  176.7  143.9

300
250
200
150
100
50
0

2013    2014    2015    2016    2017    年份

■ 农村   城市

图 2-22 养老服务机构床位数

数据来源：历年《民政统计年鉴》。

万人

16.4  11.0  13.0  12.2  10.9  13.2  11.2  15.0  11.8  17.4

18
16
14
12
10
8
6
4
2
0

2013    2014    2015    2016    2017    年份

■ 农村   城市

图 2-23 养老服务机构工作人员人数

数据来源：历年《民政统计年鉴》。

社区居家养老方面，截至 2018 年，农村社区养老照料机构和设施 26 404 个，占总数 44 558 个的 59.3%；农村社区互助型养老服务设施 75 395 个，占总数 82 648 个的 91.2%。从发展情况来看（图 2-24、图 2-25），农村社区互助型养老照料机构和服务设施在数量上占绝对优势。

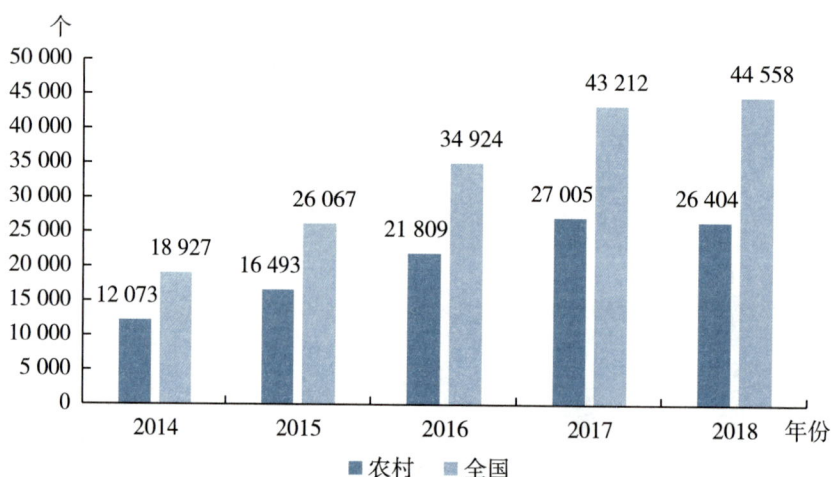

图 2-24　社区养老照料机构数

数据来源：历年《民政统计年鉴》。

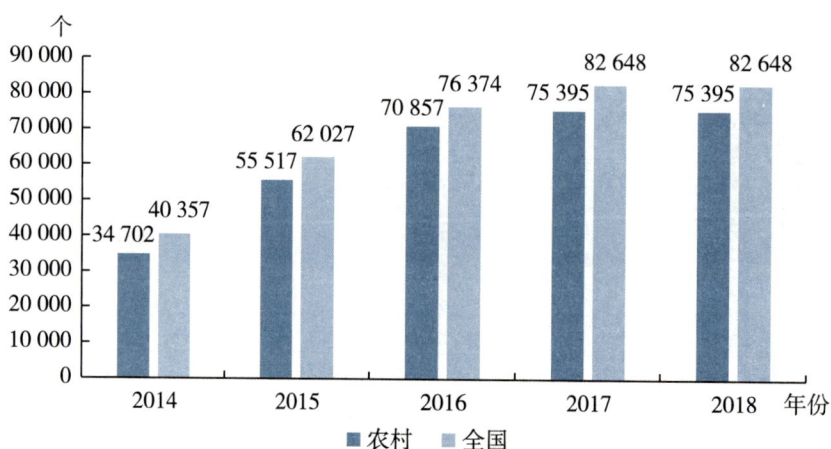

图 2-25　社区互助型养老服务设施数

数据来源：历年《民政统计年鉴》。

### （三）地方创新实践

#### 1. 农村机构养老服务

农村养老服务机构大致分为两类：一类是敬老院或福利院，另一类是嵌入式微小型养老机构。两类养老机构存在着明显的区别。第一，服务对象方面，敬老院主要面向特困老年人，微小型养老机构面向所有老人。第二，政府责任方面，敬老院主要由政府提供运营资金和管理，微小型养老机构政府承担责任有限。第三，具体运营方面，敬老院或福利院主要由政府负责运营，微小型养老机构的市场化运营程度相对较高。

特困老年人主要集中供养在农村敬老院，由政府兜底为有集中供养意愿的农村特困老年人提供养老照护服务。目前一些地方进一步拓展敬老院养老照护功能，在保障农村特困老年人养老照料需求前提下，积极为低收入、高龄、独居、残疾、失能农村老年人提供养老照料服务。如河南太康建立"五养"集中照护模式（包括集中供养、居村联养、社会托养、亲情赡养、邻里助养五种服务形式），充分尊重农村老年人的照护需求，利用闲置资源，动员挖掘社区力量，加强政府引导和监管，形成了多元力量参与的农村老年人照护服务体系；安徽省六安市金安区敬老院通过医养融合全面提升敬老院五保老年人养老照护服务水平，改变了传统敬老院只能满足入住老年人底线养老照护服务需求的困境；山东日照整合政府、机构和市场资源，重新定义政府在特困老年人养老照护中的角色，积极推动乡镇敬老院公办民营改革，持续推进养老服务市场化、产业化、社会化。

嵌入式微小型养老照护机构模式主要集中在发达地区，具有规模小、投入小、门槛低的特征，既集中了居家养老、社区养老和机构养老三者的优势，又能依托社区使入住老年人不脱离熟悉的社会关系和生活环境，为老年人提供专业化的照护服务。如浙江桐庐推进农村"家院一体"微型机构养老照护，兼有居家养老和照料服务功能，实现"垂暮不离亲，养老不离家"，积极探索"微型机构＋X"，拓展机构养老照护资源来源渠道，挖掘和动员社区力量提供养老照护服务。

**2. 农村居家社区养老服务**

农村幸福院是目前农村互助养老照护的典型方式，是中国农村基层自发探索形成的应对农村家庭养老功能弱化的新型养老模式。最早源于2008年8月河北肥乡县，被称为"肥乡样本"予以推广。该模式组织发动非正式互助资源为农村老年人提供低成本、广覆盖、可持续、多样化的自我保障与互助养老照护服务。农村幸福院是由村民委员会进行管理，为农村老年人提供就餐、文化娱乐等照料服务的公益性活动场所，包括农村老年人日间照料中心、托老所、老年灶、老年人活动中心等。[①]

近年来农村幸福院模式在各地实践中各具特色。如河北康保通过整合项目、捆绑资金、盘活集体闲置资产和公共资源共享、加强部门协同等方式降低幸福院建设成本，以党建引领提升幸福院管理水平，发动社区力量为入住老年人提供志愿服务；内蒙古乌兰察布建立幸福院与敬老院转介机制，实现互助养老和政府养老无缝衔接；山东兰陵农村幸福院兼具公共养老服务功能和老年周转房集中居住功能，实现居住、就餐、娱乐、医疗服务等"一院多能"，同时引入第三方力量规范托管运营；福建福清南湾村幸福院充分发挥本地乡贤的作用，以"众筹"养老方式，动员乡贤捐赠，确保稳定的资金来源。可以看出，不同地区的幸福院服务人群比较相似，以贫困老年人为主，但在资金来源、责任主体、照护服务等方面存在不同。

---

① 引自《中央专项彩票公益金支持农村幸福院项目管理办法》中对农村幸福院的界定。

农村的社区社会组织、志愿服务队伍是我国农村养老服务体系中的重要内生力量。参与农村老年人养老服务的社区社会组织主要是老年协会。据统计，我国老年协会已覆盖了超过 80% 的农村社区，老年协会能够以组织化的方式有效挖掘和整合农村潜在的养老照护力量，有效识别贫困老年人的照护需求和控制照护成本，提供"接地气"的养老照护服务。如四川庐山老年协会通过引入外部专业社会组织，以组织孵化的方式，加强农村老年协会内生能力建设，提升老年协会组织管理、生计维持和可持续发展能力；山西永济蒲韩乡村以乡村农协为基础，将老年人养老照护以综合农协规划的社区福利服务形态带入乡村，为老年人养老照护持续提供经济支持，动员农村妇女参与为老志愿照护服务；黑龙江泰来动员村干部和志愿服务者组成农村互助服务队，优先无偿帮助贫困老年人等解决基本生活护理问题，并以低偿方式为老年人提供养老护理服务，为老年人提供亲情化的上门服务。此外，近些年一些外生的、专业的社会组织也开始参与农村老年人养老照护服务。如上海市松江区在农村探索推广"幸福老人村"，整合碎片化养老服务资源，引入公益项目调动企业、学校以及政府等共同参与助老服务，优化农村养老服务资源配置。

此外，值得关注的是，在一些发达地区，基于大数据、移动互联等技术的城市"互联网＋养老服务"新模式，如"无围墙敬老院""虚拟养老院"等，也在向农村地区辐射。

从各地的创新实践来看，机构养老和居家社区养老等不同养老模式呈现融合创新的特征。农村特困人员供养、农村留守老年人关爱服务等制度在兜底线、保基本方面有力保障特殊困难老年人基本生活，农村幸福院为代表的互助养老模式为居家、社区养老开辟新思路，医养结合探索实践融汇其中。居家、社区和机构养老与其说泾渭分明，不如说是在不同生命阶段的协调与衔接，呈现越来越多的融合发展趋势。政府、村委会、乡贤、党员、志愿者、社区社会组织在提供养老服务及资金资源等方面发挥重要作用。党的十九届四中全会在居家为基础、社区为依托、机构为补充基础上提出"居家社区机构相协调"，由此也可以看出，这一提法也更加符合实践发展的要求。

# 三、农村养老服务发展面临的问题和挑战

尽管我国养老服务发展成就显著，但在农村养老方面仍面临一系列问题和挑战，农村居民对美好晚年生活的向往同农村养老服务不平衡不充分的发展之间矛盾凸显。

## （一）农村养老服务供需矛盾突出，发展不平衡

### 1. 养老机构供需错配

农村养老服务建设还处于探索初建阶段，各类养老服务设施发展水平远低于城市。对养老需求、养老机构布局和养老产业发展研究不够，服务体系、服务项目等还不能满足农村居民需求。部分养老机构的普通床位"有而不用"、资源闲置。农村养老服务机构数比城市多 1 242 个，但利用率总体低于城市，城市各类养老服务机构和设施收养的老年人是农村地区的 2 倍。一些乡镇日间照料中心利用率偏低，服务社区居家养老的医疗护理服务"用而不足"。农村养老机构对照到 2020 年养老床位中护理型床位比例不低于30％[1]、2022 年不低于50％[2]的目标要求仍有很大差距。民办养老机构发展方面，城市快于农村，74％的民办养老机构分布在城市，农村仅占 26％。

---

[1]　2019 年 1 月 23 日，国家发展改革委等部门印发的《加大力度推动社会领域公共服务补短板强弱项提质量　促进形成强大国内市场的行动方案》提出该目标。

[2]　民政部《关于进一步扩大养老服务供给　促进养老服务消费的实施意见》提出，到 2022 年养老机构护理型床位占比不低于 50％。

## 2. 养老服务供需城乡倒置

民政部政策研究中心 2018 "托底性民生保障政策支持系统建设" 项目调查数据显示,农村老年人对各类养老服务的需要比例均高于城市老年人样本,特别是上门看病(农村 45.03%/城市 20.62%)、就医陪同陪护(农村 32.93%/城市 19.88%)等服务需要差异明显。但城乡之间的养老服务配置并未与需要分布保持一致,城市样本中附近配有养老服务设施的比例显著高于农村样本,出现了城乡养老服务供给与需要的错配(表 2 - 2)。农村有关养老服务可及性较低。

表 2 - 2  城乡养老服务需要、配置与利用分布情况

单位:%

| 养老服务需求 | 需要分布 | | 附近配置情况 | | 利用情况 | |
|---|---|---|---|---|---|---|
| | 农村 | 城市 | 农村 | 城市 | 农村 | 城市 |
| 助餐服务 | 17.32 | 11.34 | 10.34 | 32.46 | 3.88 | 5.15 |
| 助浴服务 | 13.65 | 7.53 | 6.71 | 15.49 | 3.03 | 3.46 |
| 上门做家务 | 14.12 | 10.53 | 9.55 | 30.65 | 3.83 | 6.08 |
| 上门看病 | 45.03 | 20.62 | 48.08 | 41.87 | 35.43 | 13.91 |
| 日间照料 | 17.24 | 10.23 | 10.78 | 25.28 | 3.12 | 2.43 |
| 康复护理 | 24.23 | 14.37 | 9.92 | 26.38 | 4.17 | 4.66 |
| 健康教育服务 | 40.37 | 31.64 | 16.31 | 31.84 | 11.26 | 15.08 |
| 心理咨询/聊天解闷 | 30.08 | 19.53 | 10.47 | 20.04 | 6.61 | 4.99 |
| 就医陪同、陪护 | 32.93 | 19.88 | 11.99 | 20.99 | 9.06 | 5.92 |
| 社会工作服务 | 32.05 | 23.77 | 12.87 | 30.75 | 7.38 | 8.81 |
| 喘息服务 | 21.36 | 13.06 | 6.72 | 14.17 | 4.04 | 2.78 |

数据来源:民政部政策研究中心 2018 "托底性民生保障政策支持系统建设" 项目调查数据。

### 3. 农村养老服务区域发展不平衡

养老服务目前仍属于地方事权，非常依赖地方政府的投入力度。受不同地区财力和重视程度影响，养老服务区域之间差距较大，优质养老服务资源集中在城市和东部地区，广大农村和中西部地区量少质低。地区差距方面，截至 2019 年底，全国每千名老年人口养老床位数 30 张，浙江达到 54.2 张，海南、西藏只有 11.9 张和 8.2 张，可以推算农村养老服务也存在较大的地区差异。养老服务城乡和区域间发展差距，同各地经济发展水平和发展基础密切相关。

## （二）农村养老服务质量不高，发展不充分

### 1. 农村特困养老机构（敬老院）设施设备陈旧落后

农村敬老院多建于 20 世纪 80—90 年代，有的甚至建于 20 世纪 50—60 年代，普遍存在房屋老旧、设施简陋、功能单一等设施设备配套落后的问题，难以提供照料护理、医疗康复、精神慰藉等多方面服务。机构（固定资产）建设标准有待完善落实，设施设备配置质量总体偏低。发达地区城市"互联网＋养老"蓬勃发展、居家养老服务日渐成熟、社区嵌入式养老服务综合体便捷高效，而农村养老服务配套不全、功能欠缺、设备陈旧、机构养老辐射半径有限，农村幸福院等互助服务设施持续发展能力不足，县、乡、村三级养老服务体系尚未全面建成。

### 2. 服务供给不足，质量总体不高

在居家社区养老服务方面，老年人真正需要的康复护理、助浴助医等服务，由于专业化要求高、服务成本高，还未形成成熟的盈利模式，专业化机构难以为继，行业可持续发展能力有待加强。由于收入低、社会地位低、劳动强度大，养老服务行业难以吸引专业化、高素质人才，服务人员综合素质偏低，养老服务的专业化程度不高。农村养老机构缺乏消防设施，安全隐患突出，机构服务资源

难以辐射居家社区。

### 3. 医养结合和长期照护保险作用发挥不充分

养老服务机构医护能力不足，护理床位比例偏低，内设医疗设施功能不完善，医疗资源向社区和家庭延伸不够。部分地区开展的长期护理保险制度试点多偏向医疗护理机构服务。

## (三) 社会化养老需求不旺，行业发展后劲不足

### 1. "未富先老" 制约养老服务有效需求增长

从经济总量来看，1999 年我国进入老龄化社会时，人均 GDP 只有约 980 多美元，在世界排第 117 位，而发达国家在同一阶段人均 GDP 可达 1～3 万美元。人口老龄化过早到来，削减了劳动力人口的数量，提高了老年抚养比，对就业与经济可持续发展的负面影响更为明显。但是，进入新时代以来，随着我国经济快速发展，"未富先老" 正逐渐向 "边富边老" 转变。截至 2019 年底我国人均 GDP 刚到 1 万美元，养老的财富基础还不够坚实。我国基本养老保险收入较低，社会保障水平与经济发展水平还不完全适应，老年人养老支付意愿和能力较低。

### 2. 民间投资规模有限

养老服务前期投入大、周期长、利润低，多数民营资本倾向于轻资产运营，加之全社会投资整体放缓，养老领域不愿投、不敢投的问题更加突出。大多数老年人养老服务购买能力有限，有庞大的老年人口却难以形成巨大的养老服务市场需求。一些优惠扶持政策落实不够到位，行业可持续发展能力还不够。

### 3. 优惠政策落实存在偏差

"最先一公里" 和 "最后一公里" 问题并存。"最先一公里" 主要是政出多门，发展养老服务扶持政策多，但是由于部门各管一段，造成难以落实。"最后一公里" 就是政策落实中遇到梗阻，政策效益层层递减，导致基层获得感不强。

### （四）政府监管有待进一步完善加强

政府兜底线保基本服务能力不足，综合监管政策有待健全。针对经济困难的高龄、失能老年人补贴制度保障水平较低，特困老人集中供养能力不足、服务质量不高。基本养老服务项目和保障标准未从国家层面作出制度性安排。取消设立许可后，养老服务机构事中事后监管难度增大，监管政策标准还不健全。养老机构性质、范围和主体更难认定，养老服务的管理界限模糊，监管力量手段严重不足。养老服务机构责任意识和主体责任不强，养老监管涉及部门多、协调难度大，监管责任难以有效落实。

此外，新冠肺炎疫情也对整个养老服务发展带来很大冲击。老年人是易感人群，养老服务机构是聚集场所，一旦感染蔓延影响严重。疫情放大了农村养老服务已有的短板和问题。按照疫情防控需求，居家社区养老服务基本停滞，很多居家社区养老服务机构难以为继。养老机构本就普遍处于微利、盈亏平衡和亏损状态，疫情加大了机构运行维护成本，机构发展困难重重。

## 四、新时代农村养老服务发展展望

党的十九届四中全会提出"积极应对人口老龄化，加快建设居家社区机构相协调、医养康养相结合的养老服务体系"，这是以习近平同志为核心的党中央对养老服务体系建设的新定位、新部署。各级政府要以习近平新时代中国特色社会主义思想为指导，紧紧围绕统筹推进"五位一体"总体布局和协调推进"四个全面"战略布局，紧扣我国社会主要矛盾变化和"两个一百年"奋斗目标，把握人口发展形势，以满足广大农村老年人养老需求为导向，贯彻落实国家积极应对人口老龄化中长期规划部署，坚持坚守底线、突出重点、完善制度、引导预期，着力破解农村养老服务工作中的难点、痛点、堵点，努力让老年人安享幸福晚年。

## （一）加快健全农村养老服务体系

### 1. 深化农村养老服务供给侧结构性改革

按照"居家社区机构相协调、医养康养相结合"的要求，健全辐射农村社区和家庭，以县级失能照护机构、乡镇综合性养老机构为中心，村级互助养老服务设施相衔接的农村养老服务设施供给网络，为农村老年人提供综合性服务。以居家和社区养老服务为导向，以长期照料、护理康复和社区日间照料为重点，分类完善不同养老服务机构和设施的功能。加快医养康养结合理念下的医疗机构与养老机构联通机制建设，统筹布局农村医疗卫生和养老服务资源，因地制宜开展医疗卫生机构和养老服务机构间的合作共建，完善基层医疗卫生服务网络，优先解决好需求最迫切的失能老年人长期照护服务问题。

### 2. 继续推进市场化改革

让市场机制更大更充分发挥作用，引导挖掘老年人消费潜力，开发适合老年人需要的服务和产品。推动公建民营，落实优惠扶持政策，稳步开展农村公办养老机构改革试点，积极鼓励民间资本通过委托管理等方式，运营公有产权养老服务设施，激发养老服务发展活力。

### 3. 强化农村老年人社会支持体系建设

鼓励村委会、农村养老服务组织、老年人协会、志愿者队伍等加大对农村互助养老服务支持。健全农村居家社区养老服务"三社联动"社区服务机制和政府购买社区养老服务制度，支持农村社区社会组织和专业社会工作者参与居家社区养老服务。

### 4. 完善农村留守老年人关爱服务体系

建立农村空巢、留守老年人信息管理系统，以县为单位、乡镇政府统筹指导、村民委员会协助实施，定期开展农村空巢、留守老年人排查，动态了解和评估其生活情况、家庭赡养责任落实情况，并提供相应援助服务。

## （二）加强农村养老服务基础建设

面对城乡、区域之间养老服务资源分配不均衡的现状，当务之急是要夯实农村养老硬件设施、服务内容和孝老传统基础。

**1. 推动农村养老硬件基础设施建设**

将农村养老服务设施建设纳入预算内投资优先方向。加大财政资金和福彩公益金投入，在农村深入实施特困人员供养服务设施（敬老院）改造提升工程，鼓励政府无偿或低偿提供服务设施，委托支持社会力量管理运营。重点鼓励社会力量在农村投资兴办面向失能、失智、失独、高龄老年人的医养结合型养老机构。优化农村存量养老机构的床位结构，提升农村护理型床位比例，提高利用效率。发挥集体土地养老保障作用，鼓励村集体建设用地优先用于发展养老服务。充分依托和整合农村社区综合服务中心（站）、综合性文化服务中心、老年人日间照料服务中心、村卫生室、农家书屋、全民健身设施等，为老年人提供服务。通过适当的政策和资金引导，形成乡镇牵头、村委会组织、老年人协会协调，利用农村幸福院等互助养老服务设施或通过互助小组等不同形式，因地制宜发展农村互助养老服务。制定和完善住宅标准和规范，通过政府购买服务、以奖代补等方式，推动开展农村特殊困难家庭居家适老化改造。有条件的农村地区推进"互联网＋养老服务"，推动智慧养老，为农村老年人提供更为便捷高效优质的养老服务。

**2. 丰富农村养老服务内容，提高服务能力**

支持各类服务机构运营农村社区养老服务设施，上门为居家老年人提供生活照料、家务料理、康复护理、精神慰藉等服务。将失能失智和高龄老年人家庭成员照护培训、经济困难高龄老年人家庭适老化改造纳入政府购买养老服务目录，组织养老机构、社会组织、社工机构等开展养老照护、应急救护知识和技能培训，鼓励低龄老年人及其子女积极参与社会化培训，提高其日常照料和应急处理能力。建立以失能、重残、留守、独居、计划生育特殊家庭老年人为主要对象的居家和社区探访制度。发展康复辅助器具社区服务体系向农村倾斜，加强康复辅助器具社区租赁服务，支持农村养老设施配备康复辅助器具并提供专业指导。

### 3. 充分发挥家庭在提供养老服务上的主体作用

个人和家庭是老年人实际养老生活的根本依靠，家庭在养老服务体系中起着不可或缺的作用，特别是失能和半失能老人、临终关怀老人的需求主要依赖家庭来满足。探索建立完善家庭福利制度，为家庭养老提供社会政策支持，增强家庭的抗风险能力和福利输送能力。加强乡村道德建设，构建养老、孝老、敬老的社会环境，积极引导成年子女履行赡养义务和承担照料责任。坚持在发展中保障和改善养老服务，发展农村经济，吸引青年劳动力回乡创业，增强农村家庭的养老能力，为农村养老服务奠定基础。

## （三）建立健全农村养老服务支付体系

养老服务支付体系主要包括老年人社会福利、社会保险和公益慈善三个方面，着力构建政府、家庭和社会相衔接的养老服务支付系统，解决老年人购买养老服务资金来源难题。

### 1. 提升老年人福利补贴水平

继续用好高龄津贴、护理补贴、服务补贴等老年人"三项补贴"制度，加强制度整合，聚焦经济困难的高龄、失能老年人，因地制宜提高补贴标准、补贴精准度和有效性，使老年人补贴制度成为兜住经济困难高龄、失能老年人养老服务经济保障重要的底线制度。

### 2. 探索建立护理保险制度

以解决失能老年人照护问题为重点，完善经济困难高龄、失能老年人补贴制度，探索建立多层次长期照护保障制度。研究制定老年人能力综合评估标准，在兜住特殊困难老年人基本养老服务基础上，确保所有老年人失能时都能以不同方式、通过不同途径获得基本的长期照护服务。逐步建立由长期照护社会保险、商业性长期照护保险相互衔接、互为补充的保险制度，发挥社会保险的社会共济作用。鼓励发展商业性长期护理保险产品，为参保人提供个性化长期照护服务。以长期护理保险制度为基础，建成符合国情、相关保险和福利及救助相衔接的长期照护保障制度。

### 3. 发挥公益慈善重要作用

落实税收优惠等政策，进一步引导和鼓励社会组织和个人通过慈善捐赠、慈善信托、时间银行等方式支持发展养老服务，推进志愿服务与专业养老服务相结合。

## （四）建立健全养老服务监管体系

### 1. 建立养老服务综合监管制度

明确养老服务监管责任，按照"谁审批、谁监管；谁主管、谁监管"的原则，研究制定养老服务综合监管政策，依法依规制定民政和各有关部门权力和责任清单，全面建成第三方社会监督和行业自律机制，积极构建"政府管理、行业自律、社会监督"的养老服务监管体系，推动建立职责明确、分工协作、科学有效的综合监管制度，形成以"双随机、一公开"为基本手段、以重点监管为补充、以标准规范和信用监管为基础的新型监管机制。以新冠肺炎疫情应对为契机，建立完善养老服务应急管理制度体系，推动养老服务领域基层政务公开和养老服务机构服务信息公开。

### 2. 建立养老服务标准规范管理机制

以规范服务行为、提高服务质量、提升行业管理水平、保障老年人权益为导向，立足养老服务行业需求，重点从老年人自理能力、养老服务形式、服务质量、管理规范等四个维度，构建养老服务标准的总体框架，推动建立全国统一的养老服务标准和评价体系，通过标准规范实现对机构实施分类分级管理和安全质量监管，推进养老服务质量明显提升。

### 3. 建立养老服务信用体系

取消养老机构许可后，信用监管成为提升监管效能的有效手段。推动建立健全失信联合惩戒机制和失信联合惩戒对象名单管理办法，对存在严重失信行为的养老服务机构及人员实施联合惩戒，提升养老服务业诚信水平，营造诚实守信的发展环境。

# 专题三 "互联网＋"农村社会事业：
# 发展实践与政策建议

随着现代信息社会迅速发展和社会信息化变革逐步深入，利用互联网扁平化、交互式、快捷性优势，可以推进决策科学化、治理精准化、服务高效化。互联网及数字技术应用给农业农村发展带来了新的机遇，先进的信息网络技术被广泛应用于农村教育、医疗、卫生、养老、文化等社会事业领域，有效改善了服务条件，提高了服务效率，促进了农村新产业、新业态、新商业模式的发展，为补齐农村短板、统筹城乡发展、服务全面小康社会提供了重要的技术支撑。

## 一、"互联网＋"社会事业的有关政策

党和国家高度重视信息技术在社会事业领域的应用与发展，自2015年国务院出台《关于积极推进"互联网＋"行动的指导意见》以后，医疗、教育、养老等社会事业管理部门纷纷出台与"互联网＋"相关的政策文件（表2-3）。2019年中办、国办联合印发的《数字乡村发展战略纲要》，将互联网＋农村社会事业作为重点领域，明确指出要发展"互联网＋教育""互联网＋医疗健康""互联网＋小农户"等多种"互联网＋"的数字经济形式，为实现信息化与农村社会事业融合发展提供了政策支持。

表2-3 "互联网＋"社会事业有关政策整理

| 时间 | 发文单位 | 文件名称 | 相关内容 |
|---|---|---|---|
| 2015年7月 | 国务院 | 《国务院关于积极推进"互联网＋"行动的指导意见》 | 提出了"互联网＋"各个领域的总体思路、基本原则和重点任务 |

（续）

| 时间 | 发文单位 | 文件名称 | 相关内容 |
|---|---|---|---|
| 2017年2月 | 工业和信息化部、民政部等3部门 | 《智慧健康养老产业发展行动计划（2017—2020）》 | 提出了建设智慧健康养老产业体系的总体思路、发展目标与重点任务 |
| 2018年4月 | 国务院办公厅 | 《关于促进"互联网＋医疗健康"发展的意见》 | 提出鼓励医疗机构应用互联网等信息技术拓展医疗服务空间和内容，构建覆盖诊前、诊中、诊后的线上线下一体化医疗服务模式，允许依托医疗机构发展互联网医院 |
| 2018年7月 | 国家卫生健康委员会、国家中医药管理局 | 《互联网医院管理办法（试行）》 | 进一步规范互联网诊疗行为，发挥远程医疗服务积极作用，提高医疗服务效率，保证医疗质量和医疗安全 |
| 2019年5月 | 中共中央办公厅、国务院办公厅 | 《数字乡村发展战略纲要》 | 建设互联网助推乡村文化振兴建设示范基地。全面推进县级融媒体中心建设。以"互联网＋中华文明"行动计划为抓手，推进文物数字资源进乡村。推动"互联网＋社区"向农村延伸，提高村级综合服务信息化水平，大力推动乡村建设和规划管理信息化。加快推进"互联网＋公共法律服务"，建设法治乡村。发展"互联网＋教育"，推动城市优质教育资源与乡村中小学对接，帮助乡村学校开足开好开齐国家课程。大力发展"互联网＋医疗健康"，支持乡镇和村级医疗机构提高信息化水平，引导医疗机构向农村医疗卫生机构提供远程医疗、远程教学、远程培训等服务。实施"互联网＋小农户"计划，提升小农户发展能力。促进农业农村信息社会化服务体系建设，以信息流带动资金流、技术流、人才流、物资流 |

（续）

| 时间 | 发文单位 | 文件名称 | 相关内容 |
|---|---|---|---|
| 2019 年 7 月 | 中共中央、国务院 | 《关于深化教育教学改革 全面提高义务教育质量的意见》 | 要促进信息技术与教育教学融合应用，推进"教育＋互联网"发展，按照服务教师教学、服务学生学习、服务学校管理的要求，建立覆盖义务教育各年级各学科的数字教育资源体系。加快数字校园建设，积极探索基于互联网的教学。免费为农村和边远贫困地区学校提供优质学习资源，加快缩小城乡教育差距。加强信息化终端设备及软件管理，建立数字化教学资源进校园审核监管机制 |
| 2019 年 8 月 | 教育部等 8 部门 | 《关于引导规范教育移动互联网应用有序健康发展的意见》 | 从提高供给质量、规范应用管理、健全监管体系、加强支撑保障等方面对互联网在教育领域的应用作出了具体要求 |
| 2019 年 9 月 | 教育部、中央网信办等 11 部门 | 《关于促进在线教育健康发展的指导意见》 | 实施"教育大资源共享计划"，汇聚互联网教学、科研、文化资源，拓展完善国家数字教育资源公共服务体系。大力推进"互联网＋""智能＋"教育教学改革，促进学科交叉融合 |
| 2020 年 4 月 | 国家发展改革委、中央网信办 | 《关于推进"上云用数赋智"行动 培育新经济发展实施方案》 | 要求以国家数字经济创新发展试验区为载体，在卫生健康领域探索推进互联网医疗医保首诊制和预约分诊制，开展互联网医疗的医保结算、支付标准、药品网售、分级诊疗、远程会诊、多点执业等改革试点、实践探索和应用推广 |
| 2020 年 7 月 | 中央网信办、农业农村部、国家发展改革委等 7 部门 | 《关于开展国家数字乡村试点工作的通知》 | 提出要按照实施乡村振兴战略的总体部署，以解放和发展数字化生产力、激发乡村振兴内生动力为主攻方向，以弥合城乡数字鸿沟、促进农业农村经济社会数字化转型为重点，积极探索数字乡村发展新模式，加快推进农业农村现代化建设，促进农业全面升级、农村全面进步、农民全面发展 |

（续）

| 时间 | 发文单位 | 文件名称 | 相关内容 |
|---|---|---|---|
| 2020 年 7 月 | 国家发展改革委、中央网信办、工业和信息化部、教育部等 13 部门 | 《关于支持新业态新模式健康发展　激活消费市场带动扩大就业的意见》 | 提出大力发展融合化在线教育，积极发展互联网医疗，鼓励发展便捷化线上办公，不断提升数字化治理水平 |

从已出台的政策文件看，无论是关于教育、医疗、养老等方面的部门文件，还是有关农业农村信息化方面的专项文件，均将互联网＋农村社会事业作为政策设计的重点领域，说明信息技术已经广泛渗透到农村社会事业各个领域，而且其发展势头已经得到中央及各级政府关注与支持。顺应时代发展，要加大制度创新、鼓励市场发育、激发主体活力，通过全社会的共同参与，将"互联网＋"的优势与潜力充分释放。

## 二、"互联网＋"农村社会事业的典型实践

随着以互联网为代表的新兴信息技术蓬勃发展，信息技术逐渐渗透到农村社会事业的各个领域，扩大了社会服务覆盖面、提升了社会服务质量，并创新出很多典型做法和经验。

### （一）"互联网＋教育"：信息化赋能乡村教师

资源分配不均衡一直是城乡教育的难点所在，一些偏远学校更是困难，学生在截然不同的教育环境下学习，效果差异也是巨大的。国家一直致力于乡村教育的发展，而互联网的介入，必将成为乡村教育改革的重要契机。

2017 年 9 月，由友成企业家扶贫基金会联合各教育类公益组织、教育类企业、高校及学术研究机构等 30 多家组织机构联合发

起了"乡村青年教师社会支持公益计划"，简称"青椒计划"。自启动以来，"青椒计划"已经覆盖全国 20 个省级行政单位、202 个区县，共计 53 368 名教师报名参与培训，累计开设专业课程 50 讲、师德课程 32 讲、分科课程 204 讲，总培训人次超过 120 万。

与传统的教师培训相比，"青椒计划"具有三大特点，即互联网、社群化学习和集合影响力。通过互联网平台，"青椒计划"把优质教育资源和乡村教师最需要的课程传递出去，让偏僻乡村的教师足不出户就能得到专业学习。除了直播课程外，还配有助教，让学员之间相互交流研讨、相互激励。此外，"青椒计划"摸索出一套互联网时代的在线社群学习模式，利用简书、小打卡、美篇等互联网工具与平台，创造出专属乡村青年教师的线上社群。"青椒计划"让农村青年教师变得更加自信，提高了教研积极性，让农村教师从中学会如何与学生相处、如何管理班集体及如何巧妙化解教育问题的智慧。在"青椒计划"搭建的平台上，一大批乡村青年教师快速成长起来，既打开了教师的视野，增强了教育信念，也激活了教师队伍，推动了教育质量的提升。

## （二）"互联网＋医疗"：阿里健康助力视频问诊进村

我国地域面积广大，偏远农村地区村民看病难、看病贵成为普遍现象。农村基层医疗资源缺乏，全国 80% 的医疗资源集中在大城市，其中的 30% 又集中在大医院。导致一方面农村医疗发展相对滞后，越来越"空心化"；另一方面，村民生病得不到有效治疗，只好往大城市大医院里挤，加剧城市医疗资源紧张。

阿里健康是阿里巴巴集团"Double H"战略（Health and Happiness）在医疗健康领域的旗舰平台，是阿里巴巴集团投资控股的公司之一。针对医疗设施比较落后的农村，阿里健康尝试利用互联网突破地域、时间的限制，让村民享受到更多的优质医疗资源。阿里健康率先和武汉市中心医院合作，立足当地村淘，建立起了阿里健康网络医院，通过远程视频、影像中心等让村民享受跨区域的医疗服务。湖北省洪湖市洪狮渔场就是阿里健康与农村淘宝合作的网络医院下乡第一站。通过一段时间的运行，诊疗效果明显，视频问诊也非常便民，村民有问题可以直接在线咨询，如果用过药后感觉有问题还可以继续复诊。这种模式有效改善了当地医疗资源分布不均的情况，村民也不用再坐几个小时的长途车去三甲医院就医。

"互联网＋农村医疗"开辟了智慧医疗的新时代。一是基层医疗机构可以逐渐依赖于"互联网＋"去重构医疗行业的信息化建设模式，推动分级诊疗落地，缓解基层医疗机构和三级医院冷热不均的结构性矛盾；二是借助移动互联网、云计算、物联网、大数据等多领域技术的支撑，可以重构就诊流程、医院协同模式、健康管理方式、药品服务形式、治疗诊断方法和数据分析处理能力等方面的服务，重塑医疗生态；三是随着不同区域、不同层级医疗机构的持续加入，现有的医疗服务网络平台（如阿里健康）将与各个医疗机构形成在线医联体，实现机构间的信息互通和双向转诊，促进医疗资源的合理分布，进而缓解基层百姓大医院挤不进、小医院不放心的问题。

## （三）"互联网＋养老"：实现农村老有所养

随着我国工业化、城镇化的快速推进，农村留守老人问题凸显，加上农村地区老龄化程度的加深，农村养老需求日益迫切。而从养老资源分布看，无论在资源供给、经济发展水平还是人均收入等方面看，乡村地区均落后于城镇。面对庞大的农村老龄人口，与养老相配套的家政、服务、医疗等资源均面临严峻考验。如何实现"老有所依，老有所养"，让农村老人都能过上一个幸福美好的晚年，成为社会各界高度关注的民生问题。

2015年，浙江省海宁市华丰村在村民住宅小区中心位置建起了全国农村首家"互联网＋智慧养老"一体模式的居家养老服务照料中心，实现全村老人居家养老、智慧养老、低成本运行、志愿者服务、老年人满意的养老新模式。随着高龄及卧床失能老人逐步增多，这一特殊老年人群在基本生活照料和日常医护方面呈现出叠加状态。于是，华丰村开始探索农村智慧养老模式，率先在全国农村开展了智慧养老。照料中心新设生命体征远程监控系统，对居家生活不便体弱的老人采用智能床垫，随时对其生命体征进行远程监测。若发现有生命体征出现异常，中心第一时间与合作医院联系，通过绿色通道为老人提供特殊照顾，这也是"互联网＋医养"的新探索。中心还专门聘请医务人员，为老年人提供健康咨询、健康教育、疾病防治、康复治疗、心理卫生，开设家庭病床，与医院开通绿色通道对突发性疾病和危重病人及时救助，为每位老人建立电子健康档案，做到心中有数、及时随访。

实践证明，智慧养老能够贴合农村的现状，在农村养老发展中展现出自己的优越性，让农村老人也能过上智能化便捷化的养老生活。随着智慧养老模式的不断创新升级，将会解决各种存在于农村养老发展道路中的沉疴，扫清阻碍农村养老事业良好发展的障碍，为农村老人养老提供新的解决路径。

## （四）"互联网＋文化"：打通文化服务"最后一公里"

随着政府和社会各界对农村的持续投入，基层公共服务网络和设施已基本完善，农村和社区基本都建起了文化室、图书室等文化场所，各种类型文化设施也较为齐备。然而，由于基层文化服务对象分散，对文化需求各异，这些文化阵地和设施很多时候都在"闲置"，没能发挥应有作用。导致发生此种现象的原因在于农村公共文化服务与农村居民有效需求没有有效对接，"最后一公里"道路被堵塞。

围绕打通这"最后一公里"问题，重庆市南川区从 2016 年 6

月开始实施"互联网＋文化乡村"活动，依托乡镇（街道）、村（社区）综合文化服务中心、文化中心户的阵地和设施，拓展公共文化物联网、数字图书馆、基层文化共享工程等文化内容，以及技术应用、平台终端、创意人才的共享融通，形成一体化、多维度的公共文化服务运行机制，建立"1云＋5网＋N端"的全覆盖平台。具体内容是利用文化服务这块"云"，扩展到"互联网＋数字文化""互联网＋电商文化""互联网＋农业文化""互联网＋旅游文化""互联网＋综合服务"等领域。例如，"文化乡村"上线后，村民在家里就可以下载电子书或在网上预约借书，让村民在村里就可以满足自己的文化需求。原来村文化站里的电子阅览室建起后，里面的电脑多数时间都躺在那里做摆设。自从"文化乡村"上线后，来咨询和办理服务的村民挤满了阅览室。该平台已开始把基层文化服务中心和文化中心户里的阅览室、各类文化培训、文化活动等资源激活，使各类阵地设施和文化服务项目与村民的文化需求有效地对接起来。

## （五）"互联网＋居保"："足不出村"落实民生保障

农村居民社会养老保险制度是国家社会保障体系的重要组成部分，是保障农村居民老有所养的重要手段。针对农村居民居住分散、流动频繁，办理业务不方便等实际困难，很多地区下大功夫整合资源，健全完善镇、村公共服务中心（站）和金融便民服务网点，实现了参保、缴费、领取、查询、认证常态化优质便民服务目标。

江苏省盐城市在实现应保尽保的基础上，以省城乡居保信息系统为依托，成功开发、上线运行了网上服务核心平台、微信公众号和掌上城乡居保APP，试点建设"互联网＋城乡居保"信息化服务平台。

盐城市全面推行居民养老保险参保登记、保费缴纳、待遇领取、权益查询"四个不出村"，在省内率先并轨实施了城乡居民养老保险制度、率先实现市区被征地农民养老待遇"新老同标、同城同标"，较早将城乡居民养老保险托底助保范围扩大到贫困残疾人、低保户、"三无"老人及失独家庭等困难群体，连续七年提高城乡居民基础养老金最低标准。

为解决偏远乡村、行动不便人员、规模较大企业等社会保障卡发放问题，盐城市大丰市创新推出全国第一辆社会保障卡流动服务车，随车配置业务主管、社保卡中心服务人员、柜员、驾驶员各一名，服务车安装制卡机、银行业务终端、存取款 ATM 自助一体机各一台，实现社保卡制卡、发卡、信息采集、激活、代扣签约、缴费、自助存取款等功能。运行以来，已组织社区、镇村上门服务92次。

截至目前，盐城市城乡居保参保率达到 99%，续保率 95%，60 周岁以上 134.2 万城乡居民领取基础养老金，领取率 100%，被征地农民社会保障覆盖率实现 100%。

## （六）"互联网＋公共服务"：数字引领乡村治理新模式

以"互联网＋"为载体，结合大数据技术、移动互联技术、地理信息技术、人工智能技术等数字化信息化手段，能够统筹推动乡村各项数据资源的整合聚集、有效管理和科学利用，实现乡村社会治理的智慧化、智能化。

2019 年 9 月，浙江省在全国率先探索"一图全面感知"的乡村智治新模式。德清县借助首届联合国地理信息大会的国际会议红利，将地理信息技术融入到乡村建设中，选择阜溪街道五四村实施智慧乡村展示和体验项目，搭建以便民服务、游客咨询、基层治理、创意致富为主要内容的数字平台，提供生产、生活、生态"三生同步"动态详情。在全县率先建成了以电子地图、遥感影像、三维实景地图等多类型、多尺度、多时态的空间数据为基底，叠加自然资源、农业、水利、交通、建设、文旅、民政等部门 17 个图层 232 类数据的五四数字乡村底图。

通过"数字乡村一张图"，乡村迎来了绿色的生活方式。每天早上，五四村村民都会按时将易腐垃圾和其他垃圾分类投放在门口的垃圾桶中。收集员会驾驶垃圾智能收集车，对分类桶进行称重和图形采集，判断分类是否准确，然后将数据实时上传、更新。村民的绿色生活意识明显提高，垃圾分类参与率达到 100%、精准率达到 98%。

"数字乡村一张图"为乡村治理体系和治理能力现代化提供了新路径。通过"村民一生事"，村民上学、就医、建房等都可以在网上办理，大大提高了办事效率。2019 年元旦期间，五四村通过数字化平台人群分析功能，预测村内几个热门旅游点的人流信息，及时发布预警，通知交通、旅游部门提早到位，疏导拥堵点，为保障景区安全性与舒适度提供了数据支撑。新冠疫情期间，五四村实现以户为单位标注人员健康码颜色，全村所有人"健康码"实时状态全部得到自动标注，情况在图上一目了然。一村民"健康码"变成红码，"数字乡村一张图"系统立即自动报警。根据系统的精准定位，防控人员在一小时内对该村民进行了有效管控。

## 三、"互联网＋"农村社会事业面临的主要挑战

互联网引领下的信息化浪潮对我国农村社会事业发展与转型起到了重要的推动作用。然而，受地区发展不平衡、要素支撑薄弱、信息化发展自身带来的安全因素等影响，我国农业社会事业在"触网"的过程中，还存在着较多问题和困境，需要在发展中逐步完善与妥善解决。

## （一）农村信息基础设施较为薄弱

当前我国农村社会事业的参与者和建设者主要是政府部门。各级政府通过财政资金的投入，承担了大部分农村社会事业事务。作为互联网＋农村社会事业的重要组成部分，互联网信息基础设施如广电网络、电信网络、计算机互联网络等信息网络及各种信息化设备也需要政府进行投入建设。随着"村村通"工程的推进，我国农村电话普及率和广播电视覆盖率有了很大进展，但农村的互联网设施建设严重不足，严重阻碍了农村社会事业的转型与发展，先进的信息技术优势无法惠及这些地区的农村居民，客观上影响了农村社会事业的现代化进程。

## （二）农村社会事业信息化人才缺乏

农村社会事业信息化需要专业的信息化人才作为保障，而农村社会事业的复杂性和特殊性又提高了对人才的需求标准，不仅需要扎实掌握信息技术的基础知识，更要求对农村社会事业有正确的认识和实践经验。目前我国农村社会事业信息化方面的人才相当匮乏，既缺少能够在宏观上规划与开发社会事业服务项目的知识型和创新型人才，又缺乏运行与维护信息设备与系统的技能型人才，使得我国推进农村社会事业信息化时欠缺对重大项目的科学研发能力，同时在执行层面也不能达到预期的政策效果。

## （三）农民对信息化服务接受程度有限

信息化属于新兴技术范畴，需要具备一定信息处理的能力。从我国当前农村居民对信息技术的接受程度来看，总体上还处于初级阶段，留在农村的多是老人、妇女、小孩，这些人群仍主要沿用传统的生活方式和社交方式，这种情况在科技和互联网发展水平较低的地区更为普遍，造成互联网＋农村社会事业缺乏老年农民群体基础，影响了新型服务模式在农村地区的推广。

## （四）市场化运营机制不太成熟

"互联网＋"农村社会事业属于新兴事物，随着市场化改革的深入推进，在某些领域逐渐显现出较好的发展前景，例如养老、教育等领域，但总体来看，目前主要还是由公共服务和公益服务部门参与运作。在农村社会事业领域，由于农村服务市场发育较为滞后，突出表现在信息化支持的服务偏少、服务深度有限、服务方式较为传统等方面。这就决定了互联网引领下的新兴服务模式发展还不太成熟，虽然有些地方做出了一些探索，但还不具备推广价值。

# 四、政策建议

信息化技术的广泛推进给农村社会事业发展带来了难得的机遇，但要实现真正普及推广还有很长一段路要走。建议从信息化基础设施、运营机制、培育人才、培养受众群体等多个方面加强政策支持，尽快让信息化发展红利惠及广大农村。

## （一）加强农村信息化基础设施建设

深入实施数字乡村发展战略，扩大农村互联网建设规模，提高农村互联网传输效率，支持农村及偏远地区光纤建设和 4G 网络覆盖。以村级益农信息社建设为着力点，全面推进信息进村入户工程，为农民提供公益服务、便民服务、电商服务、培训体验服务。加快物联网、智能设备等现代信息技术和农村生产生活的深度融合，推广适合农村、方便农民的信息化产品。

## （二）培育农村社会事业信息化专业人才

针对农村社会事业信息化需求，培养一批质量高、数量充裕、结构合理的农村社会事业信息人才队伍。加快建立健全农村社会事业信息人才培养机制、激励机制和竞争机制，分层次、分类型培养农村社会事业信息化人才。针对人才缺口，出台政策支持职业院校开设与农村社会事业信息化相关课程，鼓励毕业生到农村广阔领域开展创新实践，通过实际工作的历练，熟悉农村社会事业工作，逐步转化为能够在宏观上对农村社会事业进行规划和开发的知识型和创新型人才。

### （三）提高农民信息技术运用能力

加强农村居民信息技术培训，提高通过手机等途径获取有关服务能力，体验并逐步习惯使用电子化的社会服务，逐步培养农村居民信息化素养，夯实农村社会事业信息化群众基础。

### （四）创新农村社会事业信息化服务模式

随着农村社会事业逐步发展深化，农村事务日趋繁杂，社会事业涉及事项往往需要多个部门协同处理，有些领域逐渐发育出市场服务方式。由于公益性和经营性领域存在交叉，市场发育也不完善，导致社会事业相关的信息化服务模式还不成熟。建议加大支持力度，鼓励市场主体通过信息化手段创新社会事业服务方式，鼓励公益性和经营性农村社会事业通过信息手段融合发展。联合计算机网络、电信网络、广电网络等多种信息媒介，探索农村多网合一的农村社会事业电子化服务模式，通过多种渠道为农民提供医疗卫生、劳动就业、社会保障、教育培训、文化娱乐等与农民息息相关的社会服务，提升农村社会事业信息化服务内容和质量。

# 第三篇 农村社会事业发展状况抽样调查报告

我国地域广阔，东部、中部、西部自然禀赋和经济社会发展水平各异，区域间农村社会事业发展有着较大差异。为深入了解我国农村社会事业发展状况，研判农村社会事业发展趋势，提出有针对性的政策建议，2020 年我们组织南京农业大学课题组、农业农村部党校和中国农科院课题组、四川省农村人居环境研究院课题组分别赴江苏和浙江、江西和河南、四川和甘肃开展东、中、西部地区农村社会事业发展状况抽样调查，3 个课题组调查了 6 省 18 个县（表 3-1），共获取村有效问卷 174 份、农户有效问卷 1 368 份，在此基础上形成了东、中、西部地区农村社会事业发展状况调查与分析专题报告。

表 3-1 调研地点

| 地区 | 省 | 县（市、区） |
|------|------|------|
| 东部 | 江苏 | 苏州市太仓市、泰州市姜堰区、宿迁市宿豫区 |
| | 浙江 | 绍兴市柯桥区、嘉兴市嘉善县、衢州市衢江区 |
| 中部 | 江西 | 南昌市南昌县、鹰潭市余江区、新余市渝水区 |
| | 河南 | 郑州市中牟县、开封市兰考县、许昌市鄢陵县 |
| 西部 | 四川 | 成都市郫都区、德阳市中江县、巴中市巴州区 |
| | 甘肃 | 武威市天祝县、金昌市金川区、张掖市甘州区 |

# 专题一　东部地区农村社会事业
# 发展状况调查与分析

　　为总结分析东部地区农村社会事业发展成效和经验，探讨农村社会事业发展规律和可持续发展路径，课题组赴江苏省、浙江省开展调查，获取有效问卷 744 份，其中村问卷 144 份、农户问卷 600 份。有关情况如下。

## 一、东部地区农村社会事业发展现状

　　江苏省和浙江省是东部经济发达地区，城乡融合发展程度高，社会事业城乡差距小，城乡基本公共服务均等化基本实现，农民群众获得感幸福感显著提升。

### （一）农村公共基础设施基本全覆盖，有待进一步提档升级

　　问卷调查显示，98.0％的村实现集中供水，94.0％的农户表示饮用水没有出现过经常停水、水垢多、刺鼻气味、漂浮物等现象；供电实现了全覆盖，91.9％的村完成新一轮农网升级改造，家庭用电基本稳定，表示没有问题的农户比例为 92.2％；村委会离公路干线距离平均为 1.1 公里，硬化道路占全村道路总长度的比重平均为 90.1％，认为村内道路条件很好的农户比例达到 90.8％；84.4％的村通公交，对公交便利程度和公交班次表示满意的农户占比 83.4％和 79.1％；95.1％的村村内主要道路安装路灯，85.0％的农户表示村里路灯够用了；无线网络实现了全覆盖，但农户对手机上网速度表示满意的比例较低，为 69.4％；64.1％的村有快递

配送站点。

## （二）人居环境整治提升成效明显，农户满意度高

农村厕所革命方面，浙江省农村无害化卫生厕所普及率达 99.1%。问卷调查显示，96.2% 的农户户厕为水冲式卫生厕所，97.1% 的村公共厕所为水冲式卫生厕所。农村生活污水处理方面，84.3% 的村生活污水集中处理，嘉善县实现农村生活污水治理全覆盖。农村生活垃圾处理方面，农村垃圾转运处置体系全覆盖，所有村垃圾统一收集、集中处理，所有农户都把生活垃圾投放到垃圾收集点。浙江省全面推进农村生活垃圾分类处理，农村生活垃圾分类处理行政村覆盖率达 76%；江苏省正在实施农村生活垃圾分类试点工作。根据 6 县县级座谈会资料，嘉善县、柯桥区、太仓市的行政村生活垃圾分类覆盖率达 100%。农户对人居环境整治提升的满意度高，问卷调查显示，住宅改厕满意的农户占比 89.6%，垃圾处理满意的农户占比 88.2%，河道整治满意的农户占比 87.0%，公共厕所硬件和保洁满意的农户占比 86.1%，污水处理满意的农户占比 84.6%（表 3-2）。

表 3-2　人居环境整治提升满意或非常满意的农户

单位：%

|  | 污水处理 | 垃圾处理 | 住宅改厕 | 公共厕所 | 河道整治 |
|---|---|---|---|---|---|
| 整体 | 84.6 | 88.2 | 89.6 | 86.1 | 87.0 |
| 浙江 | 89.5 | 91.4 | 90.0 | 91.1 | 89.8 |
| 江苏 | 78.7 | 84.4 | 89.3 | 79.3 | 83.7 |

## （三）城乡义务教育优质均衡发展取得明显进展，但乡村学校空、城镇学校挤的现象突出

江浙两省优化资源布局，推进高中段向主城区集聚，初中和镇

中心校向镇集聚，完（村）小向集镇和中心村集中。问卷调查显示，仅19.2%的村设有学校，撤点并校后离村委会最近小学的距离1.94公里，仅26.0%的村设有幼儿园，学前三年教育毛入园率94.2%。农村教育满意度整体较高，最高的是幼儿园离家距离，表示满意的农户占比90.7%，最低的是初中教师水平，表示满意的农户仅占80.0%。对幼儿园、小学和初中的硬件设施表示满意的农户比例分别为85.3%、88.1%、87.5%，对幼儿园、小学和初中的教学水平表示满意的农户比例分别为81.9%、82.5%、80.8%。近年来，江浙两省加大对农村学校的投入，改善了办学条件，但是与硬件设施相比，乡村教师水平提升是个难点。在调查中发现6县普遍存在农村义务教育学校规模萎缩、生源锐减的现象，有条件的适龄孩子都会争取到城里读书，在苏南、浙北等外来人口较多的地区，农村义务教育学校外来务工人员子女比重较大。

## （四）农村医疗卫生服务可及性强，但医疗技术水平有待进一步提升

一是15分钟医疗卫生服务圈基本实现，让农民在家门口能看上病。问卷调查显示，86.0%的村设有村卫生室，92.6%的农户表示最近医疗点离家距离在3公里以内，其中67.1%的农户表示最近医疗点离家距离小于1公里（表3-3）。从分县数据看，衢江区距离大于5公里的比重最高，为7.0%，主要分布在山区。二是分级诊疗制度基本落实。40.8%的农户就医首次就诊选择去村卫生室，27.5%的农户选择去乡镇卫生院，20.2%的农户选择去县医院。从分省数据看，浙江省村卫生室的首诊比例低于江苏省6.9个百分点（图3-1）。三是对村卫生室医疗技术水平不太信任。针对就医首诊不选择村卫生室的农户进一步追问原因，认为医疗技术水平差的占比57.5%，比例最高；表示没有村卫生室的占比12.5%，其中浙江省所占比例较高；"其他"选项中有农户表示村卫生室不

表 3 - 3 最近医疗点距离

单位:％

| | 小于1公里 | 1~2公里 | 2~3公里 | 3~4公里 | 4~5公里 | 大于5公里 |
|---|---|---|---|---|---|---|
| 嘉善 | 76.6 | 15.7 | 7.8 | 3.5 | 0.0 | 1.7 |
| 柯桥 | 94.4 | 3.7 | 0.9 | 0.0 | 0.9 | 0.0 |
| 衢江 | 46.2 | 20.8 | 6.6 | 3.8 | 2.8 | 19.8 |
| 姜堰 | 70.6 | 25.9 | 2.4 | 1.2 | 0.0 | 0.0 |
| 宿豫 | 60.2 | 23.5 | 12.2 | 3.1 | 0.0 | 1.0 |
| 太仓 | 58.0 | 26.1 | 11.4 | 4.5 | 0.0 | 0.0 |
| 整体 | 67.1 | 18.7 | 6.8 | 2.7 | 0.7 | 4.0 |

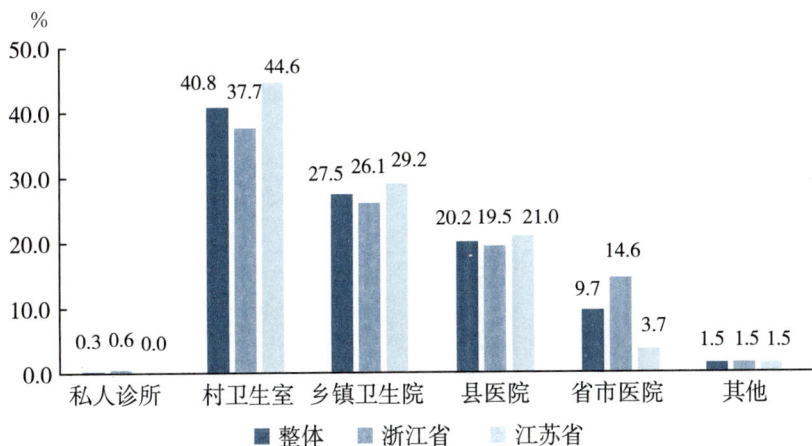

图 3 - 1 就医首诊选择

能用医保、只拿药不看病等（表 3 - 4）。关于就医考虑的因素，75.3％的农户选择"医疗技术高"；47.0％的农户选择"距离近"（图 3 - 2）。关于希望村卫生室改进的方面，农户反映最强烈的两项为"医疗设施设备需提升"（35.3％）和"医生护士技术水平需提高"（34.8％），然后是"慢性病能方便在村卫生室拿药"（15.7％）。在调研中，有村干部反映乡镇卫生院和村卫生室的药物配备机制存在梗阻，导致患者用药难。四是农村基本公共卫生服务满意度高于医疗服务。对 60 岁以上老年人免费体检表示满意的农户比例最高，为 91.6%；对医护技术水平表示满意的农户比例最低，为 57.8%（表 3-5、表 3-6）。

表 3-4  不选择村卫生室的原因（多选）

单位：%

| | 根本没有 | 医疗水平差 | 对病人态度差 | 医药费高 | 不信任 | 距离远 | 用药来路不明 | 其他 |
|---|---|---|---|---|---|---|---|---|
| 整体 | 10.7 | 57.5 | 6.5 | 1.7 | 5.4 | 2.8 | 0.6 | 24.2 |
| 浙江 | 18.5 | 55.1 | 9.8 | 1.0 | 4.4 | 0.5 | 0.5 | 19.0 |
| 江苏 | 0.0 | 60.7 | 2.0 | 2.7 | 6.7 | 6.0 | 0.7 | 31.3 |

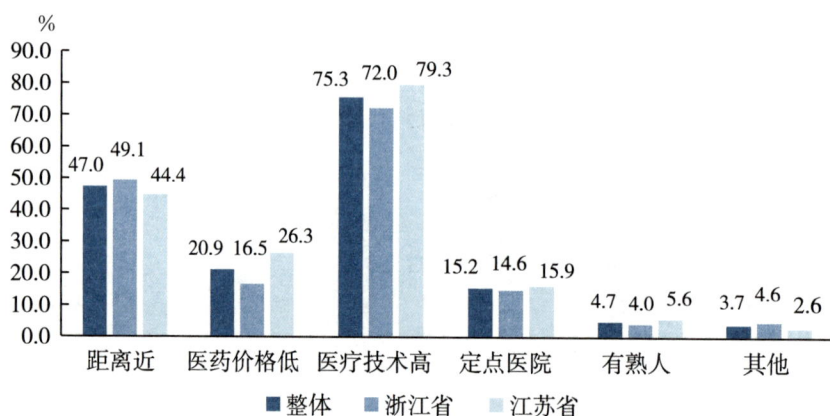

图 3-2  就医考虑因素

表 3-5  农村基本公共卫生服务满意或非常满意的农户

单位：%

| | 疫苗接种 | 健康教育 | 60 岁以上免费体检 | 儿童健康管理 | 孕产妇健康管理 | 老人健康管理 | 慢性病患者管理 |
|---|---|---|---|---|---|---|---|
| 整体 | 86.8 | 89.2 | 91.6 | 83.3 | 87.8 | 84.9 | 85.0 |
| 浙江 | 86.7 | 89.8 | 89.2 | 86.1 | 90.6 | 83.7 | 85.4 |
| 江苏 | 87.0 | 88.8 | 94.4 | 81.2 | 85.7 | 86.2 | 84.5 |

表 3－6　农村医疗服务满意或非常满意的农户

单位:%

| | 医疗设施水平 | 医护技术水平 | 药品配备情况 | 就医便利程度 |
|---|---|---|---|---|
| 整体 | 63.2 | 57.8 | 65.0 | 75.8 |
| 浙江 | 61.0 | 55.8 | 64.2 | 71.9 |
| 江苏 | 65.6 | 60.0 | 65.9 | 80.1 |

## （五）基本养老金是养老的重要经济来源，农村养老服务需求呈强劲增长态势

江浙两省农村老龄化程度加深，根据村问卷数据，65 岁以上老人占比 21.95％，其中江苏省为 23.68％，浙江省为 19.12％，农村养老是农民关心的重要问题。一是 65 岁以上老人的重要经济来源是基本养老保险金。问卷调查显示，65 岁以上老人主要经济来源居首位的是基本养老保险金，占比 53.4％；其次是由儿女或其他亲属赡养，占比 42.2％；对土地的依赖程度不高，选择"靠承包田地出租或自己种"的农户仅占比 18.4％；靠商业养老保险、投资理财收入和房产收益的比重微乎其微。分省数据看，差距较大的是储蓄，浙江省储蓄占比 20.5％，江苏省储蓄占比 4.5％（表 3－7）。二是基本形成了以居家为基础、社区为依托、机构为补充的多层次农村养老服务体系。嘉善县、柯桥区、太仓市等三地县、镇、村三级居家养老中心实现城乡覆盖面 90％以上。问卷调查显示，12.5％的行政村有养老院、94.0％的行政村有老年活动中心或居家养老中心。农户对居家养老中心的满意度整体尚可，表示满意的农户占比 69.7％（表 3－8）。三是家庭赡养期望度高但是功能弱化。关于养老方式偏好，58.7％的农户选择居家、依靠子女；其次，选择在机构养老的农户占比 17.2％；再次，选择半居家、养老机构辅助的农户占比 15.6％

167

（表 3-9）。子女赡养、家庭养老是老年人养老的首选模式，这与我国"养儿防老"的传统观念密切相关。但农村空巢老人增多，家庭养老功能正逐步弱化，65 岁以上老人 56.9% 自己照顾自己，仅 31.4% 靠子女照顾（表 3-10）。四是上门医疗服务是老年人迫切的需求。在最需要发展的老年服务中，37.1% 的农户选择上门医疗服务，居首位；其次是修建便利老年人的设施，占比 31.8%；第三是健康监测，占比 25.1%。但目前缺乏家庭病床、上门医疗护理等收费政策和风险防控措施，影响了基层医疗机构的积极性。

表 3-7　65 岁以上老人主要经济来源（多选）

单位：%

| | 城乡居民基本养老保险金 | 储蓄 | 靠承包田地出租或自己种 | 由儿女或其他亲属赡养 | 房产收益 | 农村低保或其他社会救济 | 投资理财收入 | 商业养老保险金 | 其他 |
|---|---|---|---|---|---|---|---|---|---|
| 整体 | 53.4 | 13.2 | 18.4 | 42.2 | 0.9 | 2.9 | 0.0 | 1.3 | 15.2 |
| 浙江 | 53.3 | 20.5 | 20.5 | 46.7 | 1.2 | 0.0 | 0.0 | 1.6 | 16.0 |
| 江苏 | 53.5 | 4.5 | 15.8 | 36.6 | 0.5 | 6.4 | 0.0 | 1.0 | 14.4 |

表 3-8　农村养老服务满意或非常满意的农户

单位：%

| | 居家养老中心（日间照料中心） | | | | | | 老年活动中心 |
|---|---|---|---|---|---|---|---|
| | 伙食 | 卫生条件 | 居住条件 | 护理人员服务 | 其他人员服务 | 娱乐项目 | |
| 整体 | 69.7 | 74.5 | 74.4 | 72.4 | 69.9 | 70.7 | 79.1 |
| 浙江 | 75.3 | 81.2 | 78.8 | 77.5 | 76.3 | 75.3 | 79.6 |
| 江苏 | 62.5 | 66.7 | 69.0 | 66.2 | 61.9 | 65.7 | 78.6 |

表 3 - 9    养老方式偏好

单位:%

| | 依靠子女 | 农民互助 | 半居家，养老机构辅助 | 专门机构集中养老 | 其他 |
|---|---|---|---|---|---|
| 整体 | 58.7 | 3.8 | 15.6 | 17.2 | 6.2 |
| 浙江 | 60.2 | 3.7 | 13.5 | 19.9 | 4.3 |
| 江苏 | 56.8 | 4.1 | 18.1 | 14.0 | 8.5 |

表 3 - 10    65 岁以上老人依靠谁照顾（多选）

单位:%

| | 自己照顾自己 | 配偶照顾 | 子女照顾 | 其他亲属照顾 | 进养老机构 | 雇佣保姆 | 其他 |
|---|---|---|---|---|---|---|---|
| 整体 | 56.9 | 4.5 | 31.4 | 0.9 | 0 | 0 | 6.3 |
| 浙江 | 55.9 | 4.5 | 30.2 | 0.0 | 0 | 0 | 9.4 |
| 江苏 | 58.2 | 4.5 | 32.8 | 2.0 | 0 | 0 | 2.5 |

## （六）农村就业创业服务满意度不高，农民创业融资难度较大

根据村问卷数据，每个行政村接受职业技能培训平均人次为 85.5 人/年，返乡下乡创业人数每个行政村平均为 16.8 人。根据农户问卷数据，在农村就业创业服务上，农户共提出 726 频次的需求，其中职业技能培训比例最高，为 52.8%；其次是就业形势和政策咨询，占 39.5%；再次是求职技能培训，占 36.8%；排第四的是招聘信息发布，占 35.5%（表 3 - 11）。农户对农村就业创业服务的整体满意度低，表示满意的农户比例仅为 60% 左右，最低的是创业融资贷款，表示满意的农户比例仅为 59.6%（表 3 - 12）。

表 3 – 11　希望政府在就业创业上的支持或服务（多选）

单位：%

| | 就业咨询 | 招聘信息发布 | 职业技能培训 | 就业心理辅导 | 求职技能培训 | 创业指导 | 其他 |
|---|---|---|---|---|---|---|---|
| 整体 | 39.5 | 35.5 | 52.8 | 18.4 | 36.8 | 25.8 | 34.1 |
| 浙江 | 35.4 | 29.7 | 43.0 | 19.0 | 32.3 | 26.6 | 43.7 |
| 江苏 | 44.0 | 41.8 | 63.8 | 17.7 | 41.8 | 24.8 | 23.4 |

表 3 – 12　农村就业创业服务满意或非常满意的农户

单位：%

| | 就业服务（就业咨询、职业介绍） | 创业服务（创业指导、项目推介） | 创业融资贷款 | 技能培训 |
|---|---|---|---|---|
| 整体 | 61.9 | 60.5 | 59.6 | 62.9 |
| 浙江 | 58.2 | 61.7 | 58.2 | 65.0 |
| 江苏 | 65.9 | 59.2 | 61.2 | 60.7 |

## （七）社会保障制度并轨提标，兜底能力进一步增强

江浙两省建立了城乡统一的居民基本养老保险制度、居民基本医保和大病保险制度，城乡低保标准并轨，医疗救助、临时救助等服务逐步完善。2019 年浙江省低保标准平均 814 元/月，2020 年 7 月 1 日起江苏省低保标准平均 771 元/月。问卷调查显示，有 66 个农户享受过各类经济资助，占比 11%。农户对最低生活保障、特困人群供养、残疾人服务、农村危房改造等社会救助表示满意的比例较高，达 81.1%、81.4%、81.9%、85.1%，但是对留守儿童关爱保护表示满意的比例略低，为 76.0%，对基本医疗报销比例和基本养老保险发放水平表示满意的比例较低，为 56.6% 和 60.1%（表 3 – 13）。

表 3 - 13    农村社会保障满意或非常满意的农户

单位：%

| | 最低生活保障 | 特困人群供养 | 残疾人服务 | 留守儿童关爱保护 | 农村危房改造 | 基本医疗保险报销比例 | 基本养老保险发放水平 |
|---|---|---|---|---|---|---|---|
| 整体 | 81.1 | 81.4 | 81.9 | 76.0 | 85.1 | 56.6 | 60.1 |
| 浙江 | 78.0 | 78.3 | 79.0 | 75.0 | 86.8 | 54.2 | 58.3 |
| 江苏 | 84.5 | 84.9 | 85.4 | 77.1 | 81.9 | 59.3 | 62.3 |

## （八）农村公共文体服务体系逐步完善，做到有阵地有人员有特色

浙江省全域推进农村文化礼堂建设。嘉善县基层公共文化服务队伍实现"两员"队伍建设（县文化下派员和村级专职宣传文化员）全覆盖。农民自发举办的文化活动蓬勃发展，例如乡村春晚、文化走亲等。江苏省宿豫区的乡村文化活动场所"小镇客厅"建设颇具特色。问卷调查显示，98.6%的村有露天体育健身场所，最多的有 13 个；67.5%的村有室内体育健身场所，最多的有 8 个；94.2%的村有综合文化中心；98.4%的村有图书室。农户对文化体育公共服务的满意度较高，对村图书室、文体活动中心、文体活动广场等表示满意的农户比例分别为 86.5%、86.3%、86.3%（表 3 - 14）。

表 3 - 14    农村文体服务满意或非常满意的农户

单位：%

| | 文体活动广场 | 文体活动中心 | 村图书室 |
|---|---|---|---|
| 整体 | 86.3 | 86.3 | 86.5 |
| 浙江 | 88.3 | 88.4 | 88.4 |
| 江苏 | 84.1 | 83.3 | 84.3 |

## （九）镇村综合服务中心基本全覆盖，规范化标准化信息化加快推进

江苏省村级综合服务中心标准化建设成效明显；浙江省在完善镇村综合服务中心硬件基础上，实施"最多跑一次"改革，用信息化手段提升办事效率，打通农村基层政务服务"最后一公里"。根据户问卷数据，农户对镇村两级政务服务设施及其便利性的满意度整体较高，最高的是村综合服务中心办事便利性，表示满意的农户占比87.7%（表3-15、表3-16）。

表3-15  镇村综合服务中心满意或非常满意的农户

单位:%

| | 村综合服务中心 | | 乡镇综合服务中心 | |
|---|---|---|---|---|
| | 硬件设施 | 办事便利性 | 硬件设施 | 办事便利性 |
| 整体 | 82.0 | 87.7 | 84.9 | 84.9 |
| 浙江 | 84.4 | 87.0 | 84.1 | 82.8 |
| 江苏 | 79.0 | 88.4 | 85.7 | 87.1 |

表3-16  6县镇村综合服务中心满意或非常满意的农户

单位:%

| | 村综合服务中心 | | 乡镇综合服务中心 | |
|---|---|---|---|---|
| | 硬件 | 办事便利性 | 硬件 | 办事便利性 |
| 嘉善 | 89.5 | 93.3 | 95.9 | 95.8 |
| 柯桥 | 85.0 | 84.0 | 77.0 | 75.3 |
| 衢江 | 77.5 | 83.1 | 78.3 | 76.3 |
| 姜堰 | 86.1 | 90.5 | 93.0 | 91.2 |
| 宿豫 | 66.7 | 78.9 | 70.6 | 75.0 |
| 太仓 | 86.0 | 96.6 | 93.6 | 94.8 |

调查显示，抽样农户对农村社会事业整体满意度较高，但存在不平衡性。整体满意度最高的是农村人居环境整治提升和农村基本公共卫生服务，整体满意度最低的是农村就业创业服务和农村医疗服务。分单项看，农户表示满意比例最高的是 60 岁以上老年人免费体检、幼儿园离家距离（小学离家距离）、住宅改厕，分别为91.6％、90.7％（90.5％）、89.6％；农户表示满意比例最低的是基本医疗保险报销比例、医护技术水平、创业融资贷款，分别为56.6％、57.8％、59.6％。

## 二、值得关注的问题

江浙两省农村社会事业取得了长足发展，但城乡非均衡状态仍然存在，调查中反映出几个值得关注的突出问题。

### （一）农村公共设施和公共服务尚存在短板和弱项

太仓市对全市基本公共服务配置标准进行了一次全面调查，结果显示城市社区达标率高于建制村。江浙两省在污水处理设施、生活垃圾分类处理、山区通村公交、村内硬化路、村卫生室等方面还存在少量空白点。部分乡镇卫生院、村卫生室、乡镇敬老院设施设备比较简陋。农村就业创业服务、医疗服务、养老服务、社会保障水平与农民的期望还存在一定差距。

### （二）农村社会事业长效机制有待健全

一是公共服务设施使用效率不高。反映比较突出的是农家书屋、公共电子阅览室等文化设施闲置严重；乡镇敬老院空置率高，宿豫区乡镇敬老院床位利用率仅为 14％；村居家养老中心运营困难，衢江区正常运行的仅占建成数的 60％。二是基础设施存在重建轻管的现象。有的地方农村生活污水处理设施缺乏专业管理和维护。有的地方农村道路因养护人员不足、管养经费不能保证，路面破损现象较多。例如衢江区山区、库区大部分乡村道路未系统组织过路面维修。

### （三）专业人才缺乏是农村社会事业发展的瓶颈

反映比较突出的是乡村医生人数配备不足，人员老化严重，根据村问卷数据，近 3 年行政村乡村医生辞职或调走平均人数为0.51 人。乡村教师结构性短缺问题突出。农村养老服务缺乏专业的服务与管理人才队伍。农村人居环境整治领域规划、施工、管理等专业技术力量缺乏。

### （四）社会化水平不高导致资金压力大

农村社会事业金融支持和社会资本参与意愿不强，多元化投入机制还不成熟，目前主要依赖政府财政投入。以农村生活污水处理设施为例，村问卷显示，主要资金来源于政府的村占比 83.2%，来源于村集体的占比 12.2%。近年来，一些地方经济增收减缓，资金投入压力较大。以乡镇区域公交为例，新开线路每辆车每年运营亏损在 20 万元左右，需要政府财政补贴才能维持线路收支平衡。农村居家养老中心绝大部分依靠政府补贴维持运营，一般除民政每年补助 3 万~5 万元运营经费，村集体还要筹集 3 万~5 万元运营经费，实现收支平衡可持续运营难度较大。

## 三、东部地区促进农村社会事业发展的政策建议

东部发达地区肩负着率先实现农业农村现代化的使命，"十四五"时期，应围绕补短板、扩供给、提质量、促创新推进农村社会事业发展。

## （一）聚焦农民诉求的重点问题补上短板和弱项

加强农村就业创业服务，建立健全覆盖县、镇、村三级的公共就业服务体系，研究制定农村创业融资的倾斜政策。统筹提升城乡社会保障水平，逐步缩小城乡居民基本医保与城镇职工基本医保报销封顶线和报销比例差距，建立城乡居民养老保险待遇确定和基础养老金正常调整机制。完善农村医疗卫生服务体系，填平补齐乡镇卫生院和村卫生室，推进紧密型县域医共体建设，形成县、镇、村资源优化配置、服务上下贯通、健康全程管理的新格局。提升农村养老服务能力，加大农村养老服务设施建设、改造力度，大力发展农村互助养老服务，逐步提高农村居家养老中心建设补贴和运营补贴。促进农村基础设施提档升级，推动"四好农村路"高质量发展，支持村内道路建设和改造，推进公交线路向农村延伸。

## （二）统筹公共事业城乡一体化布局和标准化建设

一是加强布局规划。打破城乡界限，统筹空间布局，以类型均等、机会均等、集约化和标准化的空间配套模式规划公共设施建设，使公共设施布局、公共服务供给规模与地域特点、村庄类型、人口分布及人口变动趋势相适应，实现效益最大化和公共服务均等化。二是以标准化推进均等化。研究制定符合东部发达地区经济社会发展水平的设施配置标准和公共服务标准，加强城乡衔接，加强评价评估，兼顾财力可能，推动标准水平动态有序调整。

## （三）完善以财政为主的多元投入机制

建立政府投入主导、农村集体和农民投入相结合、社会力量积极支持的多元化投入和供给机制。一是合理划分省以下财政事权与支出责任。强化县城综合服务能力，把乡镇建成服务农民的区域中心。对于经济相对薄弱的县域，应给予县级、乡镇基层政府更多财力支持。二是积极拓展多元化的融资渠道。充分发挥政府公共财政投入的引导和调控作用，综合运用税收优惠、贷款贴息、政府补贴与奖励、政府购买服务、特许经营、服务外包等形式，调动社会资本投入农村社会事业的积极性。

## （四）健全人才培养和激励机制

创新城乡一体化的人才管理体制，实行县域系统内人力资源的统一招聘、统一调配、城乡统筹和动态管理。进一步完善高校人才定向培养、基层专业人员继续教育、专业技术人才对口支援等政策，加大人才引进和培养力度。健全乡村人才成长发展的支持服务体系，在福利待遇、职业晋升、表彰奖励等方面向乡村教师、医生等倾斜。大力培育农村养老护理员、文化员、规划设计人员等紧缺人员，重视发掘乡土人才，加快补上农村公共事业人才短板。

## （五）促进农村社会事业与信息技术深度融合

深入实施数字乡村发展战略，着力提升农村地区信息化基础设施建设水平。推进大数据、云计算、人工智能、物联网等在农村社会事业领域集成应用，提升数字化智能化水平，促进优质资源向农村辐射，实现供给的"普惠均等、便捷高效、智能精准"。

# 专题二　中部地区农村社会事业
# 发展状况调查与分析

党的十九大提出实施乡村振兴战略以来，中部地区农村社会事业供给状况有了较大改善，农村人居环境、基础设施、教育、医疗、社会保障等方面成效明显。但仍要看到，在中部地区发展进程中，最大的不平衡依然是城乡发展不平衡，最大的不充分依然是农村发展不充分，养老、教育、医疗仍然是农村社会事业的突出短板。为深入了解中部地区农村社会事业发展状况和农村居民需求情况，课题组对河南省、江西省6县（区）21村开展调查，获取农户有效问卷333份。有关情况如下。

## 一、中部地区农村社会事业发展现状

### （一）农村基础设施整体向好，未来要提升农村公交便利程度

首先，居民用水需求基本得到满足。82.46%的受访者表示生活用水稳定，没有出现停水、水垢多、水质不佳问题（图3-3）。

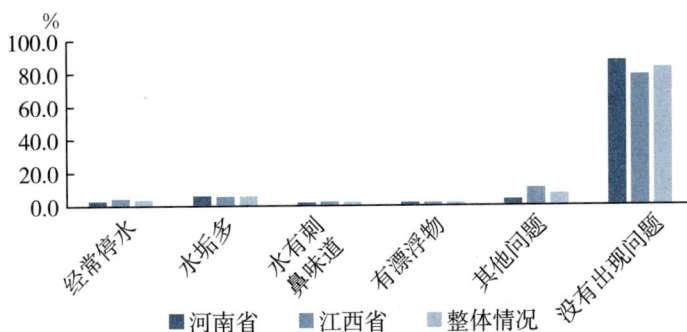

图3-3　中部地区农村居民生活用水情况

177

其次，村庄道路建设状况较好。河南省和江西省分别有96.34%、83.75%的受访者表示农村道路已修建得较好。整体上，90.12%的受访者对农村道路修建较为认可（图3-4）。

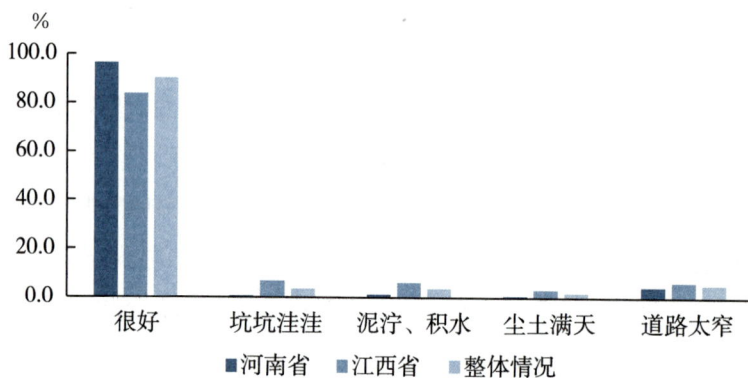

图3-4 中部地区农村道路满意度情况

第三，农村居民用电供应充足。74.11%的受访者表示家庭用电稳定，基本没有问题；20.24%的受访者表示有时候会出现停电问题，但停电频率较小；3.27%的受访者表示经常会出现停电问题，一年大约10次以上（表3-17）。

表3-17 中部地区农村居民用电供应情况

单位:%

| | 河南省 | 江西省 | 整体情况 |
|---|---|---|---|
| 基本稳定 | 79.77 | 68.10 | 74.11 |
| 有时候会停电 | 14.45 | 26.38 | 20.24 |
| 经常停电 | 2.89 | 3.68 | 3.27 |
| 会跳闸 | 1.73 | 1.84 | 1.79 |
| 没有通电 | 1.16 | 0.00 | 0.60 |

第四，农村公交便利程度有待提升。仅71.43%的农户对公交便利程度表示满意，66.08%的农户对公交班次表示满意。

第五，农村道路硬化比例较好但互联网入户比例不高。整体上看，中部地区农村道路硬化比例为 77.25％。但中部地区安装入户宽带比例不高，仅为 56.41％（表 3-18）。

表 3-18 农村道路硬化及互联网覆盖情况

单位：％

| | 硬化道路比例 | 安装入户宽带比例 |
|---|---|---|
| 河南 | 79.17 | 54.87 |
| 江西 | 75.33 | 58.35 |
| 整体情况 | 77.25 | 56.41 |

第六，农村路灯供应较为充足。66.56％的受访者表示本村路灯够用，接近三成的受访者表示路灯不够用（图 3-5）。

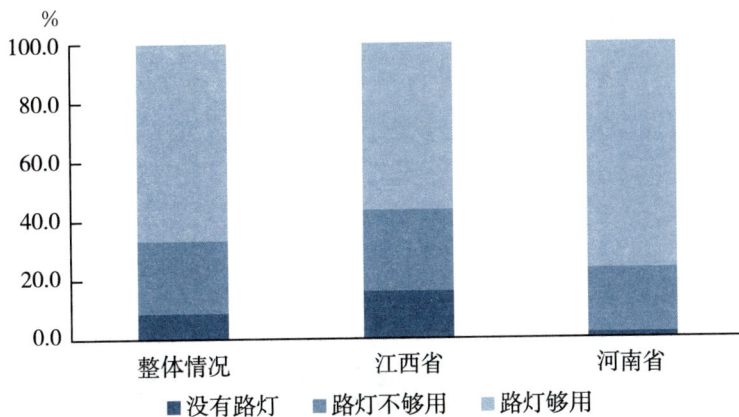

图 3-5 农村居民路灯供应情况

## （二）农村人居环境问题基本得到解决，未来要重点解决生活污水排放和处理问题

第一，垃圾乱放乱堆得到有效整治，集中处理比例高且以村委会免费处理为主。97.23％的受访者表示村子里有垃圾桶或垃圾收集点，并有专人定期清运生活垃圾。从生活垃圾清运方式上看，中部地区生活垃圾均是以村（居）委会免费处理为主（图 3-6）。

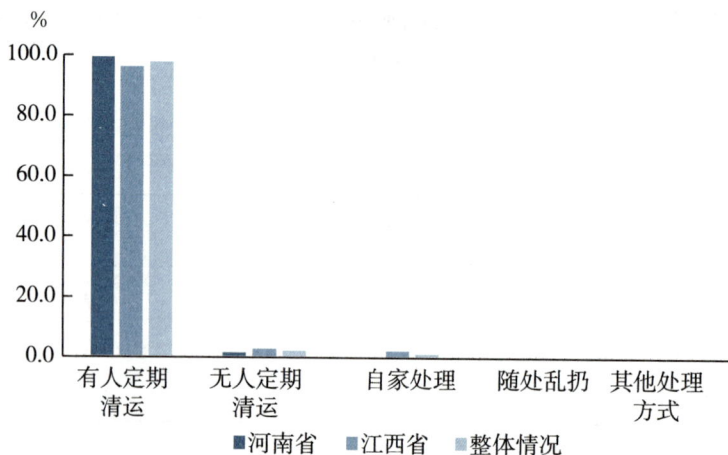

图3-6　农村生活垃圾处理方式

第二，厕所革命推进较为顺利。整体上看，中部地区农村厕所革命工作进展情况较好。87.93％的受访者表示已完成厕所改造，12.07％的受访者表示没有进行厕所改造。根据调查显示，厕所改造最高投入在20 000元，大多数受访者厕所改造的投入在2 000元左右（图3-7）。

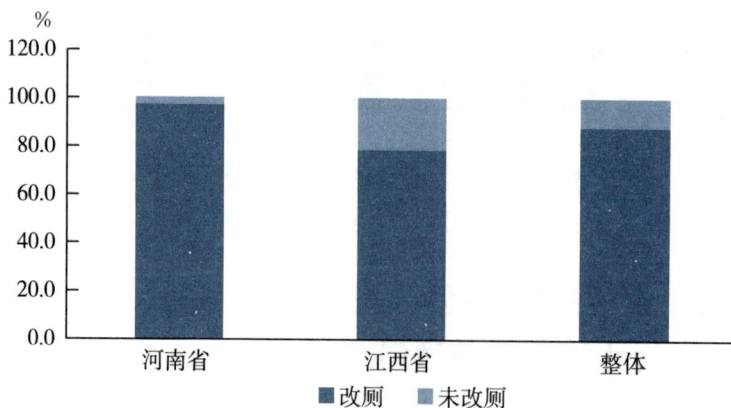

图3-7　农户厕所革命情况

第三，农村生活能源使用以清洁能源为主。整体上看，中部地区的生活能源主要使用燃气和电，59.01％的受访者表示生活能源使用的是燃气，27.42％的受访者表示生活能源使用的是电。

第四，农村生活污水治理不理想。68.12％的受访者表示家庭产生的生活污水是直接通过管道排放，14.78％的受访者表示污水是排放到露天沟渠，甚至有6.38％的受访者随便把生活污水排放到室外，仅有8.12％的受访者表示生活污水排放到专门的收集桶处理（表3-19）。

表3-19　农村生活污水排放情况

单位：％

| | 项目 | 河南省 | 江西省 | 整体情况 |
|---|---|---|---|---|
| 生活污水排放 | 管道 | 77.11 | 59.78 | 68.12 |
| | 露天沟渠 | 4.22 | 24.58 | 14.78 |
| | 专门的污水收集桶 | 9.64 | 6.70 | 8.12 |
| | 随便排到室外 | 5.42 | 7.26 | 6.38 |
| | 其他 | 3.61 | 1.68 | 2.61 |

## （三）农村教育水平亟待提升，未来要重点解决学生上学距离远、学校软硬实力弱的问题

第一，农村学生普遍存在上学远的问题。整体上看，中部地区对农村上学距离的满意度较低。66.47％的受访者对幼儿园上学距离较为满意，67.69％的受访者对小学上学距离较为满意，59.92％的受访者对初中上学距离较为满意（表3-20）。

表3-20　农村上学距离的评价

单位：％

| | 农村学校类别 | 很不满意 | 不满意 | 一般 | 满意 | 非常满意 |
|---|---|---|---|---|---|---|
| 河南省 | 幼儿园 | 2.83 | 2.83 | 21.70 | 52.83 | 19.81 |
| | 小学 | 0.83 | 1.67 | 20.00 | 55.00 | 22.50 |
| | 初中 | 1.30 | 2.60 | 25.97 | 62.34 | 7.79 |

（续）

| | 农村学校类别 | 很不满意 | 不满意 | 一般 | 满意 | 非常满意 |
|---|---|---|---|---|---|---|
| | 幼儿园 | 4.92 | 1.64 | 37.70 | 45.90 | 9.84 |
| 江西省 | 小学 | 4.05 | 2.70 | 39.19 | 47.30 | 6.76 |
| | 初中 | 3.28 | 3.28 | 47.54 | 37.70 | 8.20 |
| | 幼儿园 | 3.59 | 2.40 | 27.54 | 50.30 | 16.17 |
| 整体情况 | 小学 | 3.08 | 1.54 | 27.69 | 49.74 | 17.95 |
| | 初中 | 2.17 | 2.90 | 35.51 | 51.45 | 7.97 |

第二，幼儿园数量少且学前三年教育毛入园率有待提升。根据对21个样本村统计，河南省和江西省分别只有三家和四家幼儿园、托儿所，幼儿园个数整体偏少。整体上看，中部地区学前三年教育毛入园率仅为85.9%。

第三，农村学校硬件水平还存在较大提升空间。66.86%的受访者对幼儿园硬件水平较为满意，对小学上学距离较为满意的受访者比重达到67.69%，受访者对初中硬件水平的满意度为63.31%。

第四，农村学校师资水平还存在较大提升空间。59.76%的受访者对幼儿园师资水平表示满意，63.78%的受访者对小学师资水平表示满意，60.14%的受访者对初中师资水平表示满意。

## （四）农村看病难虽得到了初步解决，但社区卫生室医疗水平问题较为突出

第一，农户看病距离远的问题得到了初步解决。整体上看，中部地区医疗点距离农户较近。70.81%的受访者表示医疗点距离在1公里以内，18.32%的受访者表示医疗点距离在1~2公里（表3-21）。

表 3 - 21　农村医疗点距离情况

单位:%

| 农村医疗点距离 | 河南省 | 江西省 | 整体情况 |
|---|---|---|---|
| 小于 1 公里 | 72.22 | 69.38 | 70.81 |
| 1~2 公里 | 15.43 | 21.25 | 18.32 |
| 2~3 公里 | 4.94 | 5.00 | 4.97 |
| 3~4 公里 | 3.70 | 1.88 | 2.80 |
| 4~5 公里 | 1.23 | 0.00 | 0.62 |
| 大于 5 公里 | 2.47 | 2.50 | 2.48 |

　　第二,村卫生室是农户看病就医的主要首选地。40.12%的受访者表示看病就医首选地是村卫生室,25.75%的受访者表示看病就医首选地是县医院,21.56%的受访者表示看病就医首选地是乡镇卫生院(表3-22)。

表 3 - 22　农户看病就医首次就诊地点

单位:%

| 首次就诊地点 | 河南省 | 江西省 | 整体情况 |
|---|---|---|---|
| 私人诊所 | 8.02 | 3.49 | 5.69 |
| 村卫生室 | 32.10 | 47.67 | 40.12 |
| 乡镇卫生院 | 29.01 | 14.53 | 21.56 |
| 县医院 | 27.16 | 24.42 | 25.75 |
| 省市医院 | 3.09 | 7.56 | 5.39 |
| 其他 | 0.62 | 2.33 | 1.50 |

　　第三,社区卫生室需要改进方面较多。仅有9.66%的受访者表示对社区卫生室较为满意,不需要改进,90.34%的受访者认为社区卫生室需要改进方面较多。其中,26.61%的受访者表示医疗

设施设备需提升，23.39％的受访者认为医生、护士技术水平需提高。

## （五）农村养老模式认知单一，养老服务体系需要全面加强

第一，养老模式认知单一。调查显示，两省受访者对未来养老模式认知比较单一，50.89％的受访者表示晚年生活如果不能自理，子女负责养老，35.37％的农户认为晚年可以依赖配偶互相照顾，这两种养老模式比较传统，仅有11.45％的受访者考虑进养老机构养老（图3-8）。

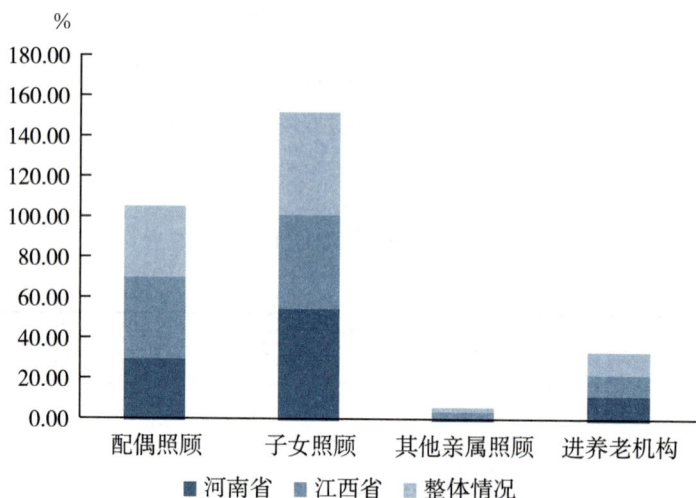

图3-8　养老模式认知情况

第二，养老方式选择更倾向于子女赡养。38.48％的受访者表示养老方式的选择更倾向于依靠子女，24.24％的受访者表示愿意到养老机构养老，20.61％的受访者表示愿意选择半居家、集体或养老机构的方式，14.55％的受访者表示更倾向于农户互助养老模式（表3-23）。

表 3 - 23 养老方式选择

单位:%

| 养老方式 | 河南 | 江西 | 整体情况 |
|---|---|---|---|
| 依靠子女 | 40.36 | 36.59 | 38.48 |
| 农民互助养老 | 7.83 | 21.34 | 14.55 |
| 半居家、集体或养老机构辅助 | 23.49 | 17.68 | 20.61 |
| 专门机构集中养老 | 27.11 | 21.34 | 24.24 |
| 其他 | 1.20 | 3.05 | 2.12 |

第三，未来农村养老服务需要全方面加强。21.10％的受访者认为未来最需要发展的是老年送餐服务，18.24％的受访者认为最需要发展的是上门医疗服务，16.04％的受访者认为未来应修建更多的集中养老机构，15.16％的受访者认为要增加便利老年人的设施，12.09％的受访者表示要加强对老年人的健康监测和紧急救助服务（表 3 - 24）。

表 3 - 24 未来最需要发展的养老服务

单位:%

| 养老服务类别 | 河南省 | 江西省 | 整体情况 |
|---|---|---|---|
| 送餐/做饭/老年饭桌 | 17.03 | 25.22 | 21.10 |
| 帮助洗澡 | 6.11 | 1.77 | 3.96 |
| 居住小区或村庄对便利老年人的设施 | 16.16 | 14.16 | 15.16 |
| 打扫卫生等家政 | 6.99 | 9.73 | 8.35 |
| 上门医疗服务 | 16.59 | 19.91 | 18.24 |
| 健康监测和紧急救护 | 13.10 | 11.06 | 12.09 |
| 修建更多集中养老机构 | 20.96 | 11.06 | 16.04 |
| 其他 | 3.06 | 7.08 | 5.05 |

## （六）农民就业、创业服务有待提升

62.12%的受访者对就业服务（包括就业咨询、职业介绍）表示满意，65.46%的受访者对创业服务（包括创业指导、项目推介）表示满意，65.43%的受访者对创业融资贷款服务表示满意，69.19%的受访者对技能培训表示满意（表3-25）。

表3-25 就业创业服务满意度

单位：%

| | 服务项目 | 很不满意 | 不满意 | 一般 | 满意 | 非常满意 |
|---|---|---|---|---|---|---|
| 河南省 | 就业服务 | 1.59 | 6.35 | 23.81 | 53.17 | 15.08 |
| | 创业服务 | 1.64 | 5.74 | 21.31 | 55.74 | 15.57 |
| | 创业融资贷款 | 1.69 | 9.32 | 18.64 | 53.39 | 16.95 |
| | 技能培训 | 0.80 | 2.40 | 23.20 | 58.40 | 15.20 |
| 江西省 | 就业服务 | 1.39 | 2.78 | 44.44 | 47.22 | 4.17 |
| | 创业服务 | 1.39 | 2.78 | 40.28 | 50.00 | 5.56 |
| | 创业融资贷款 | 0.00 | 1.43 | 41.43 | 52.86 | 4.29 |
| | 技能培训 | 0.00 | 1.37 | 36.99 | 57.53 | 4.11 |
| 整体情况 | 就业服务 | 1.52 | 5.05 | 31.31 | 51.01 | 11.11 |
| | 创业服务 | 1.55 | 4.64 | 28.35 | 53.61 | 11.86 |
| | 创业融资贷款 | 1.06 | 6.38 | 27.13 | 53.19 | 12.23 |
| | 技能培训 | 0.51 | 2.02 | 28.28 | 58.08 | 11.11 |

## （七）农户对社会保障满意程度整体较高

74.23%的受访者对最低生活保障工作表示满意，76.33%的受访者对特困人群供养工作表示满意，76.69%的受访者对残疾人服务工作表示满意，71.43%的受访者对农村留守儿童关爱保护工作表示满意（表3-26）。

186

表 3 - 26    社会保障满意程度

单位:%

| 项目 | 很不满意 | 不满意 | 一般 | 满意 | 非常满意 |
|---|---|---|---|---|---|
| 最低生活保障 | 2.69 | 3.08 | 20.00 | 54.23 | 20.00 |
| 特困人群供养 | 1.63 | 1.22 | 20.82 | 55.51 | 20.82 |
| 残疾人服务 | 1.88 | 3.01 | 18.42 | 53.01 | 23.68 |
| 留守儿童关爱保护 | 2.10 | 3.78 | 22.69 | 48.74 | 22.69 |

## (八) 村庄文化体育公共服务满意度整体较高

55.35%的受访者对村庄文体活动广场表示满意,18.14%的受访者对文体活动广场表示非常满意;72.18%的受访者对文体活动中心表示满意,19.55%的受访者对村文体活动中心的评价是非常满意;50.0%的受访者对村图书室表示满意,17.80%的受访者对村图书室表示非常满意(表 3 - 27)。

表 3 - 27    农户文体服务满意程度

单位:%

| 项目 | 很不满意 | 不满意 | 一般 | 满意 | 非常满意 |
|---|---|---|---|---|---|
| 文体活动广场 | 0.93 | 2.33 | 23.26 | 55.35 | 18.14 |
| 文体活动中心 | 1.36 | 1.82 | 24.09 | 53.18 | 19.55 |
| 村图书室 | 0.42 | 9.32 | 22.46 | 50.00 | 17.80 |

## (九) 镇村综合服务中心硬件设施较好,但便民程度有待加强

78.07%的受访者对乡镇综合服务中心硬件设施表示满意,75.81%的受访者对村综合服务中心硬件设施表示满意。81.57%的受访者对村综合服务中心的便利程度表示满意,但只有51.97%的受访者对乡镇综合服务中心的便利程度表示满意(表 3 - 28)。

表 3－28　镇村综合服务中心满意度

单位：%

|  |  | 很不满意 | 不满意 | 一般 | 满意 | 非常满意 |
|---|---|---|---|---|---|---|
| 乡镇综合服务中心 | 硬件 | 1.12 | 0.74 | 20.07 | 57.25 | 20.82 |
|  | 办事便利性 | 1.43 | 0.72 | 45.88 | 40.86 | 11.11 |
| 村综合服务中心 | 硬件 | 1.08 | 1.08 | 22.02 | 54.15 | 21.66 |
|  | 办事便利性 | 1.37 | 0.68 | 16.38 | 58.70 | 22.87 |

## 二、值得关注的问题

### （一）资金缺乏，农村公共基础设施建设和管护水平仍较为薄弱

当前中部地区农村公共基础设施建设虽然取得了长足进步，但是由于缺乏资金，仍面临着建设不完备和管护不到位的问题。调研中发现，一些乡镇由于污水处理管道建设成本费用高，乡镇难以投入足量财政资金，导致乡镇建设的污水处理站由于缺乏管道等配套措施而不能使用；农村人居环境改造工程的保洁经费全部由政府兜底，一些地区资金筹备困难、拨付不到位，导致负责农村人居环境运营公司资金周转困难，很难稳定运营；养老服务设施建设需要大量的资金支持，但现状是设施建设、管理、维护、运营资金大部分需要地方自筹，对于不发达的中部地区来说难以支撑。由于管护机制落实不到位，难以长期维持，加之部分农户缺少管护参与度和责任感，导致基层公共基础设施管护整体水平不高。

### （二）专业人才队伍缺乏，农村社会事业发展面临"卡脖子"

一是工作人员在编数量少、任务重。乡镇一级的专业干部普遍

是数量少、任务重，有些地区一个在编人员最多负责 13 个部门的工作。农村人居环境、农村教育、公共文化事业的专业人员缺口较大。二是高层次人才难以下沉基层。医疗队伍以专科生为主，专业护理人员缺乏；缺乏优质师资，人才留不住也难以引进来，尤其是音乐、体育和美术等课程老师几乎没有；养老机构管理和护理人才极为缺乏，制约了养老事业快速发展。

## （三）长效机制缺乏，影响农村社会事业可持续发展

一是缺乏规划引领。许多乡镇都反映缺乏科学规划。乡镇发展没有明确的治理目标，农村社会事业发展没有清晰的具体规划，部分地区存在各自为政的情况。二是协调成本较高。一项农村公共社会事业涉及到多个部门，协调难度较大。三是公共服务基础设施缺乏规范性标准。一些基层干部反映，农村公共服务基础设施标准不一。例如公路修建标准不一致，一些地段存在断头路情况；厕所改造的标准存在差异，不同农户改厕投入成本存在明显差异。

## （四）农村教育、医疗、养老等公共服务"短板"突出

农村学生上学远、农村教学点数量少、硬件设施薄弱、师资队伍力量不足是农村教育存在的突出问题。基层干部也指出，除社区卫生室医疗硬件设施差、人员技术水平不高的问题外，基层还存在着部分村医队伍结构不合理、年龄偏大、专业能力不强的问题。近年来，农村养老服务在中部地区持续较快发展，但存在基层认识不到位、专业护理人员缺失、管理水平不到位等问题。

# 三、中部地区促进农村社会事业发展的政策建议

## （一）坚持生产生活生态相统筹，持续改善农村人居环境

目前，中部地区农村人居环境整治全面推开，取得明显阶段性成效，三年行动方案目标任务基本完成。绝大多数村庄实现干净整洁，村容村貌明显改善。未来仍然需要以农村生活垃圾污水治理、厕所革命、村容村貌提升为主攻方向。继续支持农村户用卫生厕所改造，鼓励厕所入户入院。优化垃圾收运处置设施布局，积极探索农村生活垃圾分类处理模式，加快农村生活垃圾回收和资源化利用体系建设，加大城市垃圾和工业垃圾上山下乡、垃圾围村等问题整治力度。选择符合当地农村实际的生活污水治理技术，因地制宜处置生活污水。

## （二）坚持规划为引领，构建多元投入机制

农村社会事业的发展要坚持规划引领，制定清晰的农村社会事业发展任务书、路线图，重点是在规划中明确基础设施建设标准，降低部门之间的协调成本。针对基层普遍缺乏资金的问题，建立以政府投入为主导、社会力量参与相结合的多元投入机制。在防范风险的前提下鼓励社会资本通过多种方式参与农村人居环境建设，加大奖补力度。

## （三）优先发展农村教育，加强农村教师队伍建设

进一步改善农村办学条件，逐步提高农村中小学公用经费额度。不断加大对义务教育投入水平，因地制宜改善学生上学条件，比如设置营养早餐、提供校车服务等。重视基层教师队伍建设，保证农村教师队伍稳定，加大城镇教师支援农村力度，促进城乡义务

教育均衡发展。

## （四）强化医疗机构服务，提高农村医疗水平

目前，乡镇卫生院的服务范围基本上只能应对常见的流行疾病，且大多只能提供医药治疗服务和输液服务，不能进行手术等技术性治疗；不少村卫生室只能提供拿药服务，不能提供输液服务。建议不断提升乡镇卫生院服务人才的专业化水平，加强对乡村医疗服务人员的培训。逐步提高乡村医生待遇水平，鼓励具备专业医学知识和职业资格证书的人到基层服务。

## （五）推广以家庭养老为主、多种养老方式并存的养老模式

建议通过政府购买服务方式加大对农村居家养老支持力度；完善农村社区养老、养老院养老等其他养老方式，加大农村养老机构建设投入力度，拓宽养老机构服务内容；大力发展互助养老，鼓励老年人相互照顾与扶持。加大对农村老年人服务的经费投入，举办丰富多彩的老年活动，关注农村留守老人精神孤独问题。

# 专题三　西部地区农村社会事业发展状况调查与分析

作为全面建成小康社会和全面打赢脱贫攻坚战的重点难点地区，了解西部地区农村社会事业发展的基本现状以及农民对农村社会事业发展的需求意愿，对补上"三农"领域突出短板具有重要意义。调研组在四川省、甘肃省6县18镇开展入户问卷调查，共获取农户有效问卷435份，其中四川省问卷209份，甘肃省问卷226份。有关情况如下。

## 一、西部地区农村社会事业发展现状

### （一）农村公共基础设施实现广覆盖，但出行难和安全饮水问题仍较突出

调查结果显示，西部农村地区村庄硬化道路及客运、国家电网、村庄规划等公共基础设施实现广覆盖。有89.5%的受访者认为本村道路条件很好，样本村硬化道路占全村道路总长度平均达到89.5%。近80%的受访者表示村内有路灯，但51.4%的受访者表示没有路灯或不够用。用电方面，国家电网覆盖全部村庄，85.7%的受访者表示用电基本没有问题，11.5%的受访者表示在电网检修时会偶尔停电。光纤宽带方面，样本村均覆盖通信网络，但只有70.9%的受访者对信号强度表示满意。农村供水保障水平较高，83.4%的受访者表示生活用水没有供水不稳定和水质不佳等问题。值得注意的是，受访者出行难的问题普遍存在，18个样本村中有5个尚未通客车，同时村社及入户道路的宽度和硬化水平难以满足需求。此外，干旱缺水地区的水质问题仍未根本

192

解决，甘肃省调查问卷显示生活用水有问题的受访者占比达到26.1%，主要问题排序为水中有漂浮物、水垢较多、有刺鼻味道、经常停水等（图3-9）。

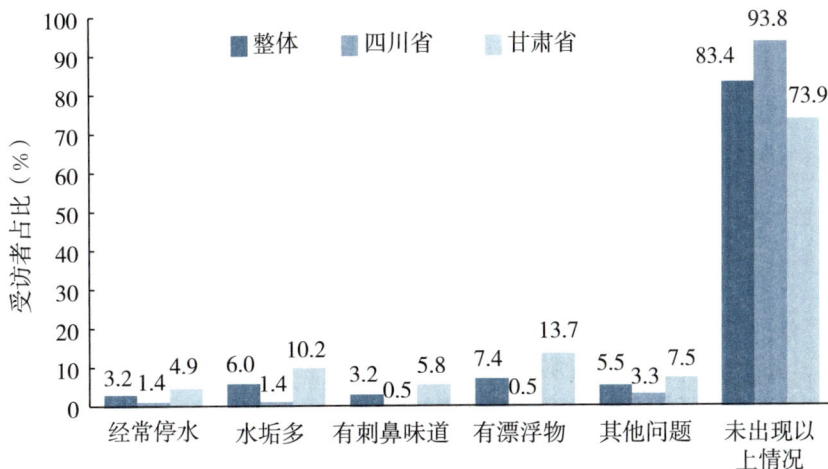

图3-9 生活用水情况

## （二）农村人居环境整治整体进步，受访者对人居环境重点领域表示满意的占比较高

调查显示，受访者家庭住房、村庄照明、生活能源等方面情况较好。生活垃圾处理整体较好，93.1%的受访者表示生活垃圾定点堆放、定期清运；70.2%的受访者表示家庭生活污水通过不同渠道得到管理，81.9%的家庭使用水冲式卫生厕所或卫生旱厕，16.4%的家庭使用普通旱厕或无厕所（3-10）。后期管护方面，生活垃圾的管护制度较为健全。有效问卷中，表示有专人清运和有监督制度的受访者分别达到95.7%和95.2%。相对而言，生活污水排放的监督明显较低，23.4%的受访者表示没有监督措施；42.4%的户用厕所需要农户自行处理。

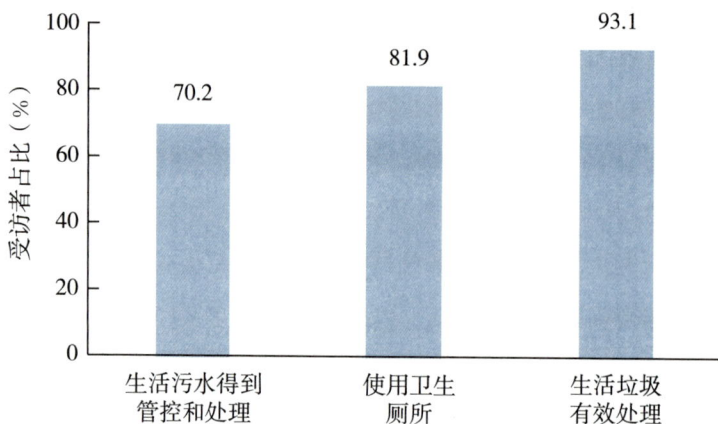

图 3-10 生活垃圾、厕所和污水处理情况

调查显示，除手机上网速度外，相关农户对农村人居环境各项指标的整体满意度较高，且表现出均衡特点，各项满意度均在85%~90%。其中垃圾处理满意度排名第一，为88.9%（图3-11）。

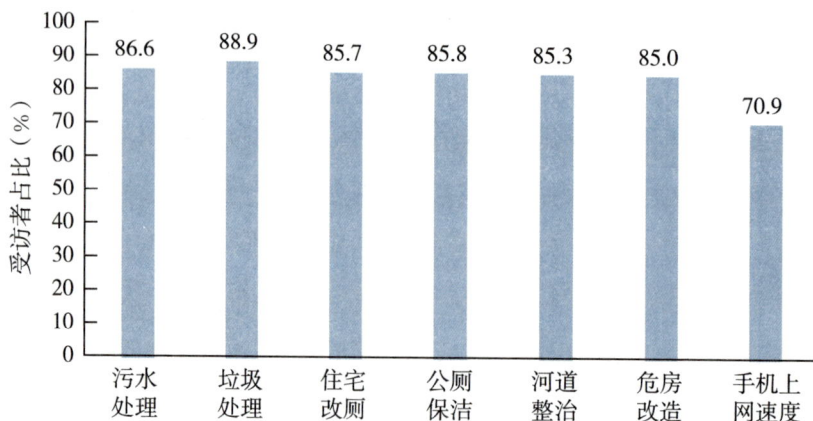

图 3-11 人居环境满意度

## （三）农村义务教育服务可及性较高，学前和高中教育费用问题需引起关注

调查对象中，在本村居住的7~14岁儿童67人，其中64人在

上学，入学率 95.5％。小学和初中义务教育阶段，设有小学的村庄为 6 个，初中均位于乡镇所在地，受访者对小学和初中离家距离表示满意的占比分别为 83.5％和 80.7％，有 73.2％的受访者表示小学和初中教育"挺好、没有需要改善的"。幼儿园阶段，设有幼儿园的行政村为 8 个，受访者中对幼儿园距离表示满意的占比达到 91.5％，但 34％的受访者表示学前教育存在问题，其中"入园贵"问题最为突出。高中教育方面，仅有 24.8％的受访者表示家里孩子有上高中，除孩子自身原因外，因家庭困难、学校太远等原因无法上高中的占比达到 35.2％。

## （四）基本医疗卫生服务供给较好，但受访者对基层医疗机构评价总体偏低

从空间布局上看，调查村庄 100％设有村级卫生服务点，68.4％的受访者表示最近的医疗点离家距离小于 1 公里，3.6％的受访者家庭与最近医疗点距离大于 3 公里，主要分布于丘陵地区和山区。从生病就诊选择上看，村卫生室和乡镇卫生院是受访者第一选择的占比分别达到 40.9％和 26％。县医院和省市医院则是受访

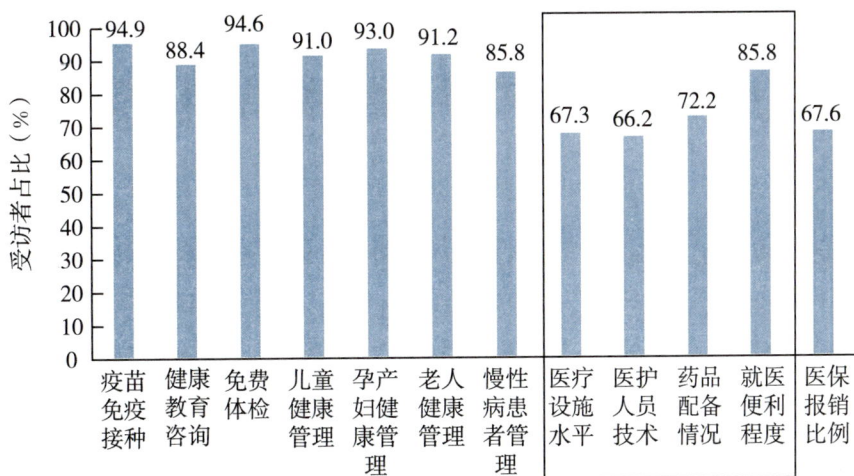

图 3-12 对医疗卫生服务满意度

者的第三和第四选择，分别为 17.2% 和 11.5%。相比距离因素，医疗技术与服务质量是受访者在就医时考虑最多的因素。医疗卫生评价方面，相对于公共卫生服务，对乡镇卫生院表示满意的受访者占比偏低，对医护人员技术水平和医疗设施水平表示满意的受访者占比为 66.2% 和 67.3%，有 67.6% 的受访者对医保报销比例表示满意（图 3-12）。

### （五）养老金和儿女赡养是老年人主要经济来源，农村养老事业整体发展较为滞后

调查显示，65 岁以上老年人的主要经济收入依靠城乡居民基本养老金和儿女赡养的分别占比 68.3% 和 63.5%，正因为此，提高养老金发放水平是农户在养老方面的最大期待。值得注意的是，依靠土地获取经济收入的占比达到 25.5%，表明土地在农户养老保障中的作用十分重要（表 3-29）。

表 3-29　受访者期望的主要经济来源与实际情况

单位：%

| | 城乡居民基本养老保险金 | 储蓄 | 靠承包田地出租或自己种 | 由儿女或其他亲属赡养 | 房产收益 | 农村低保或其他社会救济 | 投资理财收入 | 商业养老保险金 | 其他 |
|---|---|---|---|---|---|---|---|---|---|
| 期望年老以后主要经济来源 | 68.2 | 16.6 | 27.4 | 53.7 | 0.7 | 3.0 | 0.5 | 2.8 | 9.2 |
| 65 岁以上老年人实际主要经济来源 | 68.3 | 3.8 | 25.5 | 63.5 | 0 | 4.1 | 0 | 0.3 | 8.2 |

年老以后的生活照料方面，68.4% 的受访者期望由子女照顾，但现实情况与受访者期待存在较大偏差，58.8% 的受访者家中 65 岁以上老年人的生活主要是自己照顾自己（表 3-30）。

表 3-30 受访者期望的生活照料与实际情况

单位：%

| | 配偶照顾 | 子女照顾 | 其他亲属照顾 | 进养老机构 | 雇佣保姆 | 自己照顾自己 | 其他 |
|---|---|---|---|---|---|---|---|
| 期望年老后生活照料情况 | 36.0 | 68.4 | 0.2 | 6.0 | 0.2 | 3.5 | 2.6 |
| 65 岁以上老人实际生活照料情况 | 21.1 | 40.5 | 0.0 | 0.3 | 0 | 58.8 | 0.3 |

　　样本村养老事业整体发展较为滞后。调查显示，村庄内为老年人修建的各类设施总量少，专业性低。仅有 18.7％和 15.9％的受访者表示村内有为老年人提供就餐服务和日间照料中心，虽然健身设施覆盖率达到 80.1％，但普遍存在年久失修、损坏等现象，而文化活动室一般是党群活动中心配建项目，不是专门为老年人服务。在"最需要发展的老年服务项目"上，相关农户对健康管理呈现出较高要求，上门医疗服务、健康监测和紧急救护是需求最大的两项服务（图 3-13）。

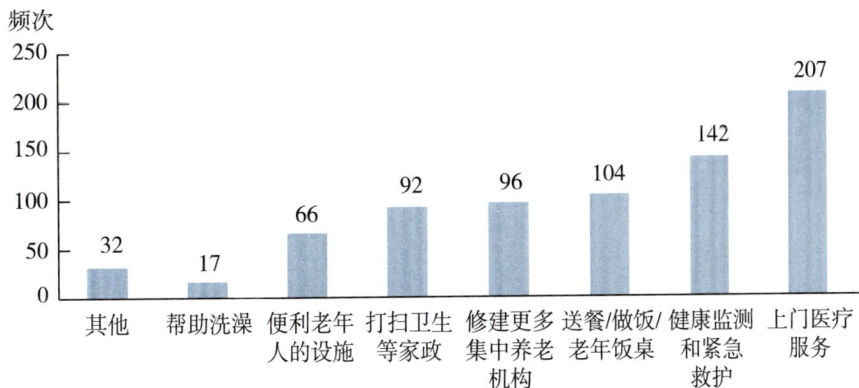

图 3-13 养老服务需求排序

　　超过 90％的相关受访者对养老中心卫生状况和老年活动中心表示满意，相对而言，仅有 76.9％的受访者对养老中心伙食表示满意，主要原因是养老中心因公益性和普惠性定位，餐食供应成本较低。

## （六）就业创业服务满意评价较高，但覆盖面亟待扩大

相关受访者对就业或创业服务的满意度整体较高，其中技能培训和就业服务这两方面的满意度超过 90％，这与各地高度关注农村劳动力就业密不可分。同时，创业融资贷款和创业服务的满意度相对较低，分别为 86.6％和 87.7％（图 3-14）。值得注意的是，相关受访者对就业或创业的四类服务表示"不清楚"的占比分别达到 51.6％、55.3％、67.5％和 42.6％，表明就业或创业服务还需扩大覆盖面。

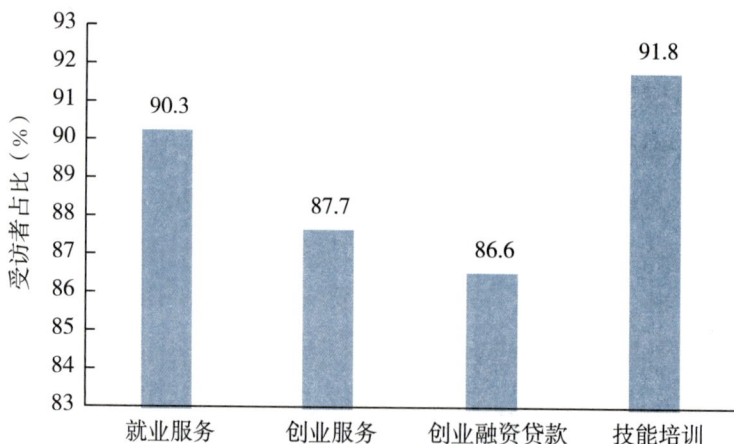

图 3-14 受访者对就业或创业服务满意度

## （七）经济资助覆盖率较高，但社会保障水平总体难以满足农户需求

调查显示，22.7％的受访者享受过各类经济资助，全部样本中有 10.2％的受访者享受过低保（图 3-15）。但城乡社会保障水平

仍存在一定差距，提高养老金发放水平是相关农户在养老方面的最大期待，仅有51.7％的受访者对养老金发放水平表示满意，同时不少受访者认为医保报销比例偏低，对医保报销比例表示满意的受访者仅占67.6％。相关受访者对特困人群供养和留守儿童关爱的评价较高，90％以上的受访者表示满意，相对而言，仅有74.2％和78.6％的相关受访者对最低生活保障和残疾人服务表示满意。

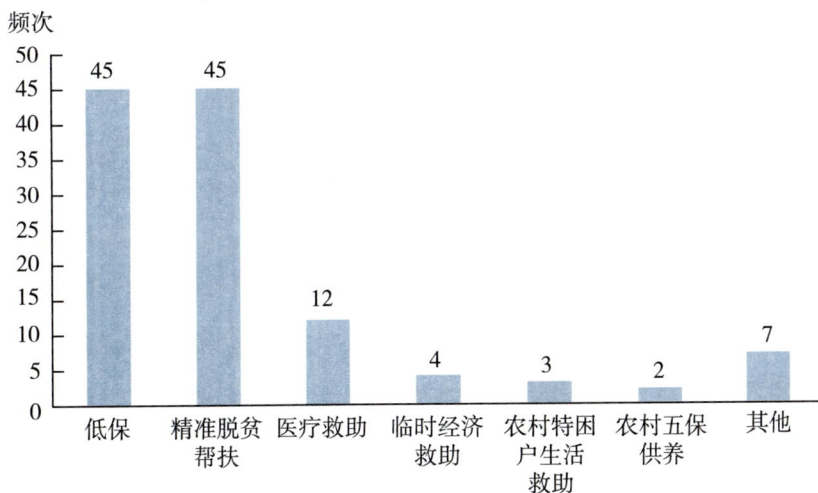

图3-15　农户得到经济资助情况

## （八）农户对农村公共文化服务和镇村政务服务满意度较高，但设施利用率有待提升

样本村均设有功能较为齐备的公共文化服务场所，如文化活动中心和图书室。得益于政务服务下沉及党群活动中心建设，样本村政务服务硬件设施及软件均有长足进展。91.5％的受访者对文化体育各方面表示满意，96.4％的受访者对镇村两级政务服务设施及其便利性表示满意，是农村社会事业各方面满意水平最高的项目（图3-16）。

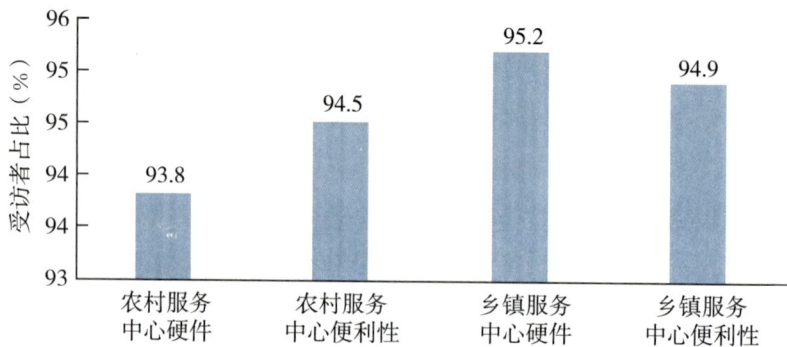

图 3-16　受访者对政务服务满意度

## （九）农户对社会事业供给现状及政策总体满意度较高，但在多个方面存在短板

整体满意排名前两位的是政务服务和人居环境，受访者表示满意的比重分别达到 96.4% 和 93.3%，文化体育和公共交通以及就业创业服务并列第三位，均为 91.5%。相对而言，只有 67.9% 的受访者对养老服务表示满意，比重显著低于其他各项社会事业（图 3-17）。

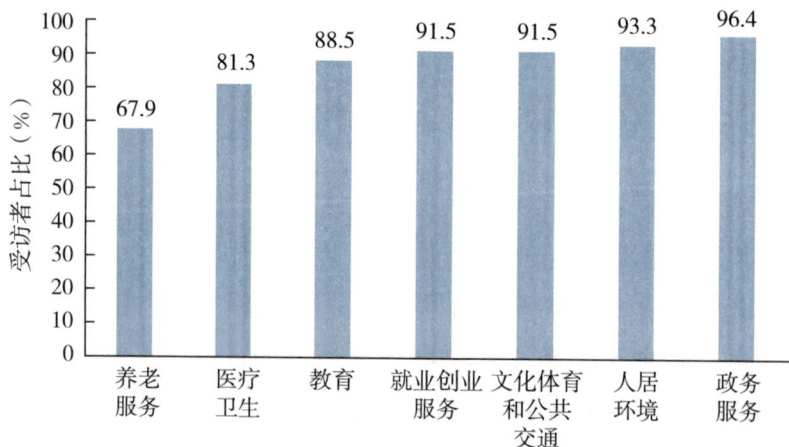

图 3-17　对各方面整体满意度

分析满意度与农户社会学特征的相关性，结果显示，社会事业的各方面及其细分领域的评价，不受农户家庭特征和个体特征，如收入、年龄、受教育水平等方面的显著影响，表明不同群体农户在农村社会事业各方面的获得感较为均衡，反映出西部地区农村社会事业实现了较为均衡的供给。

受访者对社会事业各个方面满意的占比表明，公交便利程度（75.4%）、初中教师的水平（80.5%）和初中离家距离（80.7%）、乡镇卫生院医护人员水平（66.2%）及其医疗设施水平（67.3%）、医保报销比例（67.6%）、养老金发放水平（51.7%）等是农村社会事业供给的短板所在。

## 二、值得关注的问题

### （一）西部地区农村社会事业发展存在三类显著不平衡

一是区域间发展不平衡。调查发现，区域间农村社会事业发展不平衡问题在省际间、地市间、县域间、行政村之间普遍存在，甚至在同一个村庄内部，也会存在较大差异。从空间上看，平原地区发展优于丘陵地区和山区，集中居住农户可及性高于散居农户。二是项目间发展不平衡。以中央财政资金为主投入的项目整体进展较好，农户满意度较高，如义务教育和公共卫生等，而需要地方财政或村集体以及农户加大投入的项目进展相对滞后，如学前教育、村级医疗服务、养老服务等；具有直接效益的项目发展较好，如村庄道路、黑臭水体治理等，但直接效益不明显、具有综合效益的项目推动相对滞后，如户用污水处理、户用厕所粪污处理等。三是项目"软""硬"发展不平衡。农村社会事业发展具有长期性特征，"三分建、七分管"是稳定可持续发展的基本特点。调查发现，尽管在部分领域已经形成了较为成熟的、切实可行的管护机制，如村庄道路维护、垃圾堆放监督等机制，部分地方开展了富有价值的探索实践，但整体上重建设、轻管护，重硬件投入、轻能力建设的问题依然普遍存在。

## （二）村集体能力不足和农户参与度偏低是两大瓶颈制约

调研发现，农村各项社会事业供给过程中，村集体供给能力不足、农户参与水平偏低的问题在西部地区普遍存在，经济基础薄弱、农户居住分散的村庄这一矛盾更加突出。一方面，缺资金、缺人才是西部地区村集体能力不足的主要原因。西部地区农村集体经济基础薄弱，"空壳村"占比高，农户收入普遍偏低，使得社会事业供给面临诸多困难和挑战。有村干部反映，"村内事项通过'一事一议'筹资很难搞起来"。更重要的是，尽管当前有第一书记等制度安排，但村两委班子成员老龄化、后继无人的问题较为普遍，使得农村社会事业供给不足、水平偏低的问题更为凸显。另一方面，渠道不畅与能力不足是农民参与度偏低的主要原因。当前西部地区农村社会事业项目大多由政府主导，农民在选址、决策、监督、验收等关键环节参与较少，有的项目在未征求农民意见的情况下实施，加上大多数农民在未进行专业培训的情况下不具备运行管护的技术和知识储备，使得西部地区农村社会事业各方面均存在不同程度的农民参与不足的情况，部分领域甚至出现"干部干、群众看"的现象。

## （三）若干重点领域社会事业供给水平与农户需求还存在一定差距

整体上看，西部地区农村社会事业发展各方面取得长足进展，但从农民需求满足情况看，还存在较大提档升级空间，主要表现在与农户生产生活密切相关的领域。一是基层医疗卫生供给方面，受访者对村卫生室反映最强烈的两项为"医生、护士技术水平需提高"和"医疗设施设备需提升",除已有选项外,受访者还希望村卫生室能"提供打针、输液服务",以及希望"上级加大对村卫生室药品质量的监督"。二是养老服务上,相关农户对健康管理、送餐服务、兴建更多的集中养老机构、为老年人打扫卫生、修建便利设施等存在较大需求。三是就业创业服务上,职业技能培训和资金支持(无息或低息贷款)是最大的两个需求。四是各地面临的重点问题和薄弱环节存在较大差异,安全饮水在干旱地区仍有不足,山区和丘陵地区农户对通组入户道路宽度及硬化水平反映强烈,高寒高海拔地区改厕和污水治理存在技术难题等。

## 三、西部地区促进农村社会事业发展的政策建议

### (一) 加快推动西部地区农村社会事业补短板

一是查漏补缺,全面加速补短板。针对西部各地发展阶段差异大、资源条件多样等特点,开展全面摸底调查,加大投入力度和提高投入精准性,补齐与农民利益切身相关的、农户反映强烈的、基本公共服务和民生保障领域的短板问题。二是由点到面,加快推动各方面提档升级。在各地示范试点取得良好阶段性成效的基础上,总结提炼做法经验,研究示范试点的适用条件和潜在风险,加快在西部有条件地区推广应用,推进农村社会事业各方面提档升级。

### (二) 创新治理机制发挥村集体和农民的主体作用

一方面,整合各级党组织的党建资源、行政资源和社会资源,畅通农户自下而上的诉求表达渠道,围绕人居环境整治、教育、医疗卫生、文化体育、就业创业、困难帮扶等开展专项党建活动,更好地发挥党员的先锋模范作用。另一方面,要尊重并发挥好各地在乡村治理方面已经形成的村民议事会等正式制度,以及优秀村落文化、农耕文明等非正式制度在农村社会事业发展中的积极作用。

## （三）持续推进教育和医疗普惠发展

加大学前教育和高中教育投入力度，构建以普惠性资源为主体的学前教育公共服务体系，对低收入群体、困难家庭适龄学生实施普通高中免除学杂费，避免因经济问题导致辍学。推动农村医疗卫生基础设施水平提档升级，加强乡镇卫生院、村卫生室标准化、信息化建设。

## （四）科学开展人居环境整治

加大基层干部和村社干部的政策培训和知识培训，通过农户喜闻乐见的方式，充分利用新媒体传播渠道，宣传相关典型案例，普及人居环境整治知识要点。在技术标准和农民接受度之间做好权衡，在技术模式和工艺应用上，不搞"一刀切"，不做硬性规定。注重构建以农民为主体的管护和运营模式，建立农民付费的后期维护制度，敦促农户履行投资、缴费、监督、评价等义务。

## （五）加快建立完善以家庭养老为基础、社区居家养老为依托、集中养老为补充的农村养老服务体系

在保障农民土地财产权益基础上，进一步提高城乡居民基本养老金发放水平，对于人口预期寿命偏低的地区，探索养老金补偿方式。加快发展社区居家养老服务，建立社区养老服务中心，为有需要的老年人提供服务，推广老年人家庭医生签约服务。提升完善集中养老机构硬件设施，提高服务质量，在有条件的地方建设医养结合的农村养老机构。

# 附录：中共中央、国务院及有关部门 2019 年发布的涉及农村社会 事业政策文件名录

**中共中央、国务院**

《关于坚持农业农村优先发展做好"三农"工作的若干意见》

《关于建立健全城乡融合发展体制机制和政策体系的意见》

《关于建立国土空间规划体系并监督实施的若干意见》

**国务院**

《关于印发教育领域中央与地方财政事权和支出责任划分改革方案的通知》（国办发〔2019〕27 号）

《国务院关于印发国家职业教育改革实施方案的通知》（国发〔2019〕4 号）

**中共中央办公厅、国务院办公厅**

《数字乡村发展战略纲要》

《关于加强和改进乡村治理的指导意见》

**国务院办公厅**

《教育领域中央与地方财政事权和支出责任划分改革方案》（国办发〔2019〕27 号）

《职业技能提升行动方案（2019—2021 年）》（国办发〔2019〕24 号）

《关于印发深化医药卫生体制改革 2019 年重点工作任务的通知》（国办发〔2019〕28 号）

《关于推进养老服务发展的意见》（国办发〔2019〕5 号）

《深化农村公路管理养护体制改革的意见》（国办发〔2019〕

45 号）

**中共中央宣传部等部门**

《农家书屋深化改革创新　提升服务效能实施方案》

《关于印发〈推进乡村文化振兴工作方案〉的通知》

**中央农村工作领导小组办公室等部门**

《关于做好 2019 年农业农村工作的实施意见》（中农发〔2019〕1 号）

《关于做好农村"厕所革命"整村推进财政奖补政策组织实施工作的通知》（中农发〔2019〕10 号）

《关于做好中国农民丰收节组织实施工作的指导意见》（中农发〔2019〕13 号）

《关于推进农村生活污水治理的意见》（中农发〔2019〕14 号）

《关于切实提高农村改厕工作质量的通知》（中农发〔2019〕15 号）

《关于进一步推进移风易俗建设文明乡风的指导意见》（中农发〔2019〕19 号）

**国家发展改革委等部门**

《加大力度推动社会领域公共服务补短板强弱项提质量 促进形成强大国内市场的行动方案》（发改社会〔2019〕0160 号）

《关于进一步推动进城农村贫困人口优先享有基本公共服务并有序实现市民化的实施意见》（发改社会〔2019〕280 号）

**教育部等部门**

《关于切实做好义务教育薄弱环节改善与能力提升工作的意见》（教督〔2019〕4 号）

《关于进一步加强农村义务教育学生营养改善计划有关管理工作的通知》（教督函〔2019〕2 号）

《关于实施全国中小学教师信息技术应用能力提升工程 2.0 的意见》（教师〔2019〕1 号）

《关于加强和改进新时代基础教育教研工作的意见》（教基
〔2019〕14号）

《关于做好新时期直属高校定点扶贫工作的意见》（教发
〔2019〕4号）

《关于促进在线教育健康发展的指导意见》（教发〔2019〕11号）

**科技部**

《创新驱动乡村振兴发展专项规划（2018—2022年)》（国科发
农〔2019〕15号）

**民政部等部门**

《关于做好当前困难群众基本生活保障工作的通知》（民函
〔2019〕95号）

《关于进一步健全农村留守儿童和困境儿童关爱服务体系的意
见》（民发〔2019〕34号）

《关于加强农村留守妇女关爱服务工作的意见》（民发〔2019〕
86号）

《关于劳动密集型企业进一步加强农村留守儿童和困境儿童关
爱服务工作的指导意见》（民发〔2019〕116号）

**财政部等部门**

《关于开展农村"厕所革命"整村推进财政奖补工作的通知》
（财农〔2019〕19号）

《关于加强农村危房改造资金使用管理助力全面完成脱贫攻坚
任务的通知》（财社〔2019〕53号）

**住房和城乡建设部等部门**

《关于建立健全农村生活垃圾收集、转运和处置体系的指导意
见》（建村规〔2019〕8号）

《住房和城乡建设部等部门关于公布第五批列入中国传统村落
名录的村落名单的通知》（建村〔2019〕61号）

《关于印发农村危房改造激励措施实施办法的通知》（建村

〔2019〕15 号)

**交通运输部等部门**

《关于推动"四好农村路"高质量发展的指导意见》(交公路发〔2019〕96 号)

**农业农村部等部门**

《关于统筹推进村庄规划工作的意见》(农规发〔2019〕1 号)

**国家卫生健康委等部门**

《关于做好 2019 年基本公共卫生服务项目工作的通知》(国卫基层发〔2019〕52 号)

《关于做好农村订单定向免费培养医学生就业安置和履约管理工作的通知》(国卫科教发〔2019〕56 号)

《解决贫困人口基本医疗有保障突出问题工作方案》(国卫扶贫发〔2019〕45 号)

**国家医疗保障局等部门**

《关于坚决完成医疗保障脱贫攻坚硬任务的指导意见》(医保发〔2019〕57 号)

《关于做好 2019 年城乡居民基本医疗保障工作的通知》(医保发〔2019〕30 号)

**国家林业和草原局**

《关于印发〈乡村绿化美化行动方案〉的通知》 (林生发〔2019〕33 号)